国家出版基金项目
NATIONAL PUBLICATION FOUNDATION

永樂大典考

郭伯恭◎著

山西出版傳媒集團
山西人民出版社

圖書在版編目(CIP)數據

永樂大典考 / 郭伯恭著. -太原: 山西人民出版社, 2014.12
(近代名家散佚學術著作叢刊 / 許嘉璐主編)
ISBN 978-7-203-08860-8

Ⅰ. ①永… Ⅱ. ①郭… Ⅲ. ①百科全書-考證-中國-明代 Ⅳ. ①Z224

中國版本圖書館 CIP 數據核字(2014)第 289771 號

永樂大典考

主　　編　許嘉璐
著　　者　郭伯恭
責任編輯　秦繼華

出 版 者　山西出版傳媒集團·山西人民出版社
地　　址　太原市建設南路 21 號
郵　　編　030012
發行營銷　0351-4922220　4955996　4956039
　　　　　0351-4922127(傳真)　4956038(郵購)
E-mail　sxskcb@163.com　發行部
　　　　　sxskcb@126.com　總編室
網　　址　www.sxskcb.com

經 銷 者　山西出版傳媒集團·山西人民出版社
承 印 廠　山西出版傳媒集團·山西人民印刷有限責任公司

開　　本　700mm×970mm　1/16
印　　張　16.75
字　　數　134 千字
印　　數　1—3000 册
版　　次　2014 年 12 月　第 1 版
印　　次　2014 年 12 月　第 1 次印刷
書　　號　ISBN 978-7-203-08860-8
定　　價　37.00 圓

《近代名家散佚學術著作叢刊》編委會

出版說明

近代名家散佚學術著作叢刊選取一九四九年以後未再刊行之近代名家學術著作共一百二十册，編例如次：

一、本叢書遴選之著作在相關學術領域具有一定的代表性，在學術研究方向、方法上獨具特色。

二、爲避免重新排印時出錯，本叢書原本原貌影印出版。影印之底本皆經專家組審定，原書字體大小，排版格式均未做大的改變，原書之序言、附注皆予保留。

三、本叢書分爲八大類，以作者生卒年編次。

四、爲使叢書體例一致，本叢書前言後記均采用繁體字排版。

五、個別頁碼較少的版本，爲方便裝幀和閱讀，進行了合訂。

六、少數學術著作原書内容有個別破損之處，編者以不改變版本内容爲前提，部分進行修補，難以修復之處保留缺損原狀。

七、原版書中個別錯訛之處，皆照原樣影印，未做修改。

八、所選版本之抽印本頁碼標注，起始至所終頁碼均照原樣影印，未重新編排標注新頁碼。

由於叢書規模較大，不足之處，殷切期待方家指正。

總序／

披沙瀝金，以爲鏡鑒

◇許嘉璐

多年來有一個問題始終在我腦中盤桓：爲什麽在十九世紀末到二十世紀初，在短短的幾十年裏，中國的各個學術領域竟涌現了那麽多大師級的人物？這是中國近代史上一個極爲重要的現象，我認爲，如果不能給出令人滿意的答案，我們撰寫的近代學術史將是不完整的，甚至是缺乏靈魂的。後來我知道，著名人類學家克羅伯曾提出過一個問題：爲什麽天才成群地來？看來這種現象的出現並非中國所獨有，思考其所以然的也大有人在。而在那一次世紀之交中國的情況，似乎應驗了「天才成群地來」這個令克氏久久不解的疑問。錢學森先生曾從相反的方向提出了相同的疑問：爲什麽我們這個時代出現不了杰出人才？後來人們稱這個問題爲「錢學森之謎」。

要回答這些疑問不是件容易的事。與其迅速地囫圇地探尋，不如先多了解那些讓中國近代學術（應該包括人文科學和自然科學）史上閃耀着光輝的大師們的作品和自述，從而在腦海里盡量「復原」他們所處的環境和在那種環境下的心理路徑，從中或許可以得到一些啓示。

有一點是顯然的，這就是他們雖然都已遠離塵世而去，但是他們獨立思考的品性、求知治學的真誠、困厄窮愁中對節操的堅守，恐怕是他們共同的主觀因素，一直影響到現在，而且將會永遠留存下去。

就思想界、學術界而言，二十世紀上半葉是一個新説和舊説碰撞，中學和西學融匯的大時代。那時的學人極爲重視言行操守，同時具備現代知識分子的理想信念；他們的學術研究十分純凈，絶少功利因素；他們的視界開闊，以包容的心態和嚴謹的風格造就了成果的大氣與厚重。至於在客觀因素一面，他們實際是在用工業化時代的事實解説着太史公所説的名山之作「大抵聖賢發憤之所爲作」，困厄苦難使得他們「皆意有所鬱結」。這種鬱結，幾乎和個人的名利毫無牽涉，他們永遠不能釋懷的，是民族的存亡、國運的興衰、民衆的福禍和文脈的續斷。

那個時代也是近代歷史上最大規模的中西古今學術調適、創新的時期，學術方法上的交互滲透和融合、創新亦可謂「於斯爲盛」。斯時之學人是要在封閉的屋墻上鑿出窗子的勇士，是使人能夠看看外部世界的第一批導夫先路者；或者可以説，他們是在「意有所鬱結」時「彷徨」和「吶喊」的「狂人」。

相對於那時的哲人們，後來者是幸運兒。現在的形勢是，近三十年來學界空前繁榮，衆多學科有了長足之進，其中很重要的一點是學界有了更新穎、更廣闊的國際視野，似乎接續上了百年前的學壇盛事。但細想想，「古」與「今」還是有差别的。其异，主要不在於世界情勢、學術進展、工具改善這些客觀存在，而在於在廣泛吸收各國優長的同時，自身文化的主體性越來越受到重視，换言之，「拿來主義」已經延長了「拿來」的程序，加上了試用、甄别、篩選、吸收、融合、成長。就我孤陋所見，在當今地球上，面向所有異質文明，努力汲取我之所缺，其範圍之大和心態之切，似乎無出中國之右者。從這個角度説，我們已經超越了前輩。但是事情還有另外一面，學術，特别是人文學科，其職業化、「沙龍化」和功利性，以及隨之而來的浮躁病却嚴重了。從這個角度説，是不是我們已經後退得够可以的了？而這是不是我們這個時代出不了大師的原因之一呢？

民國學術界的特點之一是極爲注重對傳統的反省、批判與繼承。他們對傳統文化盡最大的努力進行整理和研究。一方面，由於戰亂頻仍，民不聊生，學者們擔起了讓中華文化薪火相傳的歷史責任；另一方面，他們要通過對中國傳統文化的整理、挖掘來重振民族自信心。這一時期對傳統文化進行整理的全面而深入是前所未有的，舉凡文字學、語言學、經濟學、法學、哲學、政治制度、書法繪畫、金石學……規模之宏大，研究之精微，令人嘆爲觀止。

民國學術推動了現代學科體系的建立。在對傳統文化整理和研究的基礎上，吸收西方的文化思想和理念，推動和建立了中國現代學科體系。例如，在對語言文字和音韵學成果進行整理、研究的基礎上開始着手規範之，建立了國語學；深入研究書法、國畫，將其融入了現代美術學科；在廢除舊有學制後逐步建立起小、中、大學較完整的科目和學科體系。

民國學術也改變了傳統學術方式，建立了新的研究範式。以現代科學考古爲發端，科研的實踐和成果使中國知識界真正認識到在實驗、比較基礎上的邏輯分析對學術研究的重要，推進了中國學術的一大演變。至於我們常説的打破士大夫傳統、走出書齋到田野鄉村和市民中進行調查研究、結束了經學時代、以歷史眼光檢視儒學和諸子等等，都是確立新學術範式的努力。這一轉變，也標誌着中國學術界脱胎换骨，全面進入了現代，爲此後的學術發展奠定了堅實的基礎。當然，西方啓蒙運動以來，在「現代性」和「現代化」裏潛伏着的缺陷和謬誤也傳到了中國，這些不能不在前哲的著作裏留下痕迹。這並不奇怪。類似的情況，古往今來孰能免之？猶如今天的我們，誰敢自稱我之所見就是永恒的真理？在這個問題上兩個時代所異者，或許就在昔時大家創立新説或譯註西學著作，往往是懷着對學術和前哲的敬畏而爲之，故而常常誤不在我；當今則往往出於對學問和他人的輕蔑，或以所研究的對象爲謀己的工具，因而難辭主觀之咎吧。翻閲他們的心血之作，這些復雜的狀況可以顯見，可以視之爲我們的一面鏡子。

滄海桑田，世事變幻，歷史的動盪和時代的遮蔽，使當年許多大師的一些極有價值的學術著作被棄於故紙堆中，不能不令人有遺珠之憾。爲此，山西人民出版社不惜以數年之艱辛，披沙瀝金，編輯出版這套近代名家散佚學術著作叢刊，凡一百二十册，計文學、史學、政治與法律、美學與文藝理論、民族風俗、宗教與哲學、經濟、語言文獻共八大類别。所選皆爲作者之純學術著作，無論是其見解、精神，抑或是其時代烙印，都是後輩學人可資借鑒的寶貴財富。他們出版這套叢書，意在讓世人不忘來程，知篳路藍縷之不易，爲民族文化的傳承再增薪木。

出版社的初衷，與我近年來所思所慮近似，故願略述淺見於書端，以與策劃者、編輯者和讀者共勉。

二〇一四年七月六日

改定於自安東回京途中

前言

◇汪高鑫

中國近代的歷史，交織着多重矛盾。有傳統社會所具有的階級矛盾，有因帝國主義入侵而激化的民族矛盾，還有新舊思想觀念的矛盾，等等。正是社會矛盾的激盪，促進了近代社會的運動、嬗變與轉型，帶動了社會各種思潮的不斷涌現，進而引發了各種史學思潮的興起和近代史學的發展。一言以蔽之，近代中國史學與史學思想的發展變化，與近代中國社會的變遷是休戚相關的。

民國時期的社會變遷與轉型，直接促成了民國史學的發展和史學觀念的改變以及史學方法的創新。縱觀民國時期社會變遷與史學的發展，大致可以劃分爲兩個時期，第一個時期從一九一二年民國成立到一九三七年抗戰爆發，第二個時期從一九三七年抗戰爆發到一九四九年新中國成立。

第一個時期，中國社會的變遷大致經歷了從中華民國建立到北洋軍閥統治、從五四運動的爆發到兩次國内革命戰争兩個階段。與此相對應，民國史學的發展也緊隨時代變化，明顯呈現出時代特徵。

在第一個階段，中國爆發了辛亥革命，結束了兩千多年的帝制統治，建立了資産階級民主共和體制的中華民國，然而資産階級臨時政府的權力很快又落入到袁世凱北洋軍閥手裏，中國政治進入了北洋軍閥黑暗統治時期。以梁啓超爲代表的一些早期提倡新史學的史家，因爲對袁世凱政府抱有幻想，而參加了北洋軍閥政府，由於忙於事務性的工作，早前由他們發動的資産階級新史學工作因此被耽擱了。這一時期新史學流派的歷史研究没有取得什麼實質性的成果。

北洋軍閥政府的獨裁統治與尊孔復古，激起了全社會的反抗，隨着維護資産階級民主共和的護國運動和護法運動的相繼開展，思想文化領域反對尊孔復古的新文化運動也於一九一五年開始廣泛開展起來，「民主」與「科學」便是這一運動所打出的旗幟。與此同時，大概自一九一六年以後，隨着一些留美、日、歐學生先後歸國，帶來了各種資産階級新思想。一時間，各種西方新學説不斷涌入，如英國羅素的社會改良主義、法國柏格森的生命哲學、德國李凱爾特的新康德主義、美國杜威的實用主義、馬克思主義，如此等等，當時中國的思想界可謂非常活躍。這些新學説、新思想的涌入，大大激發了這一時期中國史學家們的史學思想與歷史研究，各種新的史學研究方法得到介紹和提倡，史學出現了新的氣象。

從新文化運動到一九一九年五四運動時期，史學的代表人物主要有胡適、王國維、李大釗等人。胡適一九一七年留美回國後，很快成爲新文化運動的代表人物之一。在治學方法上，他將美國學者杜威的實驗主義運用到史學研究當中，於一九一九年提出了「大膽的假設，小心的求證」的治史方法和「整理國故，再造文明」的口號，發表了中國哲學史大綱這一以實驗主義研究中國歷史的示範之作，由此開啓了近代中國實證主義史學。王國維一九一六年留日歸國後，致力於甲骨文、今文和古器物考釋等的研究，一九一七年寫成的殷卜辭中所見先公先王考、殷周制度論，是考古學與歷史學相結合的開創性的研究成果。胡適與王國維等人的史學研究與方法，開創了近代中國史學研究的新範式。李大釗是近代中國第一個傳播馬克思主義的史學家。他於一九一六年留日歸國後，便積極投身於新文化運動中。當年發表了長文民彝與政治，從學理上論述如何根除帝制獨裁問題；次年發表了自然的倫理觀與孔子，對北洋軍閥政府尊孔復古進行抨擊；一九一九年在新青年上發表了我的馬克思主義觀，開始係統介紹馬克思主義史學理論，由此奠基了中國馬克思主義歷史觀。

第二個階段，爲中國兩次國内革命戰争時期。第一次國共合作北伐，取得了反對北洋軍閥統治的勝利；第二次國共内戰，其間日本帝國主義不斷擴大侵華，民族危機日益加重。盡管這一時期的中國戰亂不已，國家還面臨着嚴重的民族危機，卻是民國史學大發展時期；而造就這種大發展的原因，既有五四新學術思想的持續爆發的因素，也與二十世紀二三十年代社會變遷密不可分。

二十世紀二三十年代民國史學的大發展，突出表現在新歷史考證學上，這顯然是對五四時期開啓的實證史學的繼續和發展。一九一九年底，胡適發起「整理國故」運動，從歷史學的角度提出「整理國故」的步驟與方法，繼續宣揚他的所謂學術求真。胡適認爲，「整理國故」的目的在於學術求真，並非現實致用，並提出了「整理國故」的四個具體步驟：第一步是條理係統的整理，第二步是尋出每種學術思想發生原因和效果，第三步是要用科學的方法做精確的考證，第四步是綜合前三步的研究還他一個本來面目。應該説胡適的「整理國故」對於歷史研究有着方法論的意義。受胡適疑古實證思想影響的顧頡剛，在史學上的突出成就和影響，是提出「層累地造成的中國古史」的觀點，以及創辦古史辨，推動中國古史的研究。顧頡剛古史辨的具體成就，除去提出「層累地造成的中國古史」的命題，還揭示了三皇五帝古史係統由神話傳説層累造成，打破了民族出於一元和地域向來一統的傳統説法，以及對古書著作時代的大量考訂。顧頡剛的治史宗旨，用他自己的話來説，就是「只當問真不真，不當問用不用」（注一）。傅斯年曾經留學德國，深受西方蘭克「史料即史學」的實證主義影響。一九二八年創辦中央研究院歷史語言研究所，大力宣揚蘭克史學思想。按照傅斯年的説法，「學問之道，全在求是」（注二），一分材料只能説一分話，史學便是史料學。王國維在這一時期的歷史考證涉獵廣博，於漢晋木簡研究有流沙墜簡考釋、墜簡考釋補證和簡牘檢署考，於敦煌寫卷研究有與羅振玉合編的敦煌石室遺書，於甲骨文等古文字研究貢獻尤大。在治史方法與理論上，王國維的

「二重證據法」之「古史新證」理論，對於民國史學的影響極大。陳垣這一時期的治史集中於宗教史和文獻學。於宗教史上，從一九一七年至一九二三年，他先後發表了元也里可温考、開封一賜樂業教考、火祆教入中國考和摩尼教入中國考，合稱「古教四考」；於文獻學上，他對目録學、年代學、史諱學和校勘學等領域多有建樹。陳垣治史以重史源、講類例爲其特點。以上史家雖然治學方法與特點不盡相同，但都以考證見長。

這一時期「新史學」史家的史學研究與方法也取得了一定的成就。梁啓超這一時期的史學研究可謂多産，從一九二〇年至一九二七年，先後發表清代學術概論、先秦政治思想、中國歷史研究法及補編、中國近三百年學術史和古書真僞及其年代等，治史重點在學術史與方法論。與當年發起「新史學」相比，梁氏這一時期的史學研究呈現出廣疏多變的特點。何炳松在「新史學」思潮中可謂獨樹一幟，他於二十世紀二三十年代中國史學界的最大影響，便是對魯濱遜新史學的介紹和評論。何炳松係統闡發了「新史學」的「綜合史觀」，主張歷史研究要反映人類活動的全部，史學研究的方法應該多元化，如統計學的方法、生物學的方法等等，要綜合利用各種學科的成果特别是新學科的進展開展歷史的研究，並表達了對於歷史學的意義、價值和發展前景的看法。

與此同時，這一時期的馬克思主義史家對歷史學的研究繼續做出了貢獻。一九二四年，李大釗出版史學要論，運用唯物史觀對歷史、歷史學、歷史學的係統、史學在科學中的地位、史學與其他相關學科之間的關係、現代史學的研究及於人生態度的影響等史學基本理論問題作了闡述。一九二七年大革命失敗後，一些關注中國前途與命運的學者受到困惑，於是一場關於中國社會性質的大論戰逐漸開展起來。馬克思主義史家積極參與其中，郭沫若便是其中的杰出代表。一九三〇年，郭沫若出版了中國古代社會研究一書，這是民國時期中國第一部運用唯物史觀分析、解剖中國古代社會的著作。該書以物質資料生産方式的發展和變革來解釋中國古代社會歷史發展的全過程，論證中國歷史發展與世界歷史發展的共同性，對中國古史分期提出了自己獨創性的看法。參與社會史大論戰的馬克思主義史學家還有呂振羽、何幹之、翦伯贊、侯外廬、鄧拓等人。但總體來看，與歷史考證學派相比，這一時期的「新史學」派和馬克思主義史學派並不佔據主流。

第二個時期，中國經歷了抗日戰爭和解放戰爭，民國史學在這個時期的表現有兩個顯著特點：其一是緊緊服務於抗戰的需要而出現的抗戰史學；其二是馬克思主義史學得到了迅速發展，逐漸形成自己的革命史學體係。

抗日戰爭的爆發，引起了中國史學界巨大的震撼。面對中華民族出現前所未有的嚴重危機，在第一時期佔據史學主流地位的新考證學派史家，他們過去那種一味重視學術求真，而不講究學術致用的治史價值取向，在這時發生了重大改變，開始以史學積極服務於抗戰。早在九一八事變以後，面對中華民族的危機，顧頡剛、傅斯年、陳垣等考證學派史家就開始拿起自己的史筆，積極投身於抗日救亡的時代大潮中。顧頡剛一九三四年創辦禹貢半月刊，開始高舉愛國主義的民族主義旗幟。之所以要以「禹貢」爲刊名，按照顧頡剛的説法，是「今日談起禹域，都會想起『華夏之不可侮與國土之不可裂』」（注三）。很顯然，禹貢半月刊的宗旨，便是要通過對於邊疆歷史地理的研究，激發全民族抵抗日本帝國主義侵略的熱情與決心，以達到維護祖國領土完整的目的。傅斯年在九一八事變後，出版了東北史綱，以大量史實論證東北自古以來就是中國的固有領土，對日本帝國主義御用歷史學家的種種歪曲史實的謬論予以駁斥。全面抗戰爆發後，傅斯年又寫了中國民族革命史一書，雖然是未完稿，卻已經表達了他的民族思想。該書以歷史爲依據，充分論證了中華民族的同一性、整體性和不可分割性，因此，在面對日本帝國主義侵略中國的嚴重危機的緊要關頭，中華民族應該團結起來共同禦侮，要發揚中華民族百折不撓的精神，樹立起中華民族抗戰的必勝信心。陳垣在新中國成立後給友人的書信中講到了九一八事變後他的治史取向的轉變：「九一八以前，爲同學講嘉定錢氏之學；九一八以後，世變日亟，乃改顧氏日知録，注意事功，以爲經世之學在是矣。」（注四）抗戰爆發後，陳垣當時身陷淪陷區，卻堅持以史學爲抗戰服務，其中最具代表性的史著便是「宗教三書」和通鑑胡注表微。所謂「宗教三書」，是指明季滇黔佛教考、清初僧諍記和南宋初河北新道教考，雖然講的是宗教，卻表現了愛國的民族情操。明季滇黔佛教考是表彰明末遺民的愛國精神與民族氣節；清初僧諍記是通過宗教史的研究，來揭露變節者、抨擊賣國求榮的漢奸；南宋初河北新道教考也是用以表彰抗節不仕之遺民。通鑑胡注表微是陳垣最具代表性的史學著作，也是一部關注現實的史著，書中表現出了陳垣對歷史前途和民族命運的思考。錢穆在抗戰時期的史學研究，愛國的民族主義色彩也非常濃厚。一九三七年，錢穆寫成了與梁啓超同名史著中國近三百年學術史。該書以思想文化爲基礎和綫索，以學術傳承爲核心，通過史實證明中國傳統文化的優越性，旨在提醒國人要重視挖掘中國傳統文化的長處和價值，持守中國傳統文化的精神，保持一種民族的自信心。毫無疑問，這種民族自信對於全民族團結抗戰是非常必要的。一九四〇年，錢穆多年國史教學講義國史大綱出版。該書以「國史」作稱謂，反映了作者作史的民族國家本位意識。錢穆明確指出：「治國史之第一任務，在能於國家民族之内部自身，求得其獨立精神之所在。」（注五）該書的具體内容也充分體現了這一精神，它將文化、民族與歷史三者結合起來對中國歷史加以考察，認爲這種歷史發展過程即是民族文化精神的演進過程，歷史研究的目的不僅在於弄清楚歷史的真實，更重要在於弄清楚歷史背後藴藏的民族文化精神，從而積極地去傳承這種民族文化精神。

當然，新考證學派史家開始轉向經世致用，只是治史的價值取向發生了變化，並不等於放棄了一貫的注重考證的治史方法。相反，在民國後期，這種治史方法還得到了發展，并且取得了很多重要成果，陳寅恪的詩文箋證和「民族文化之史」的論述便是典型代表。陳寅恪屬於考證學派代表人物之一，這一時期出版的隋唐制度淵源略論稿和唐代政治史述論稿是其考證隋唐史的力作。陳寅恪對於史料的運用有自己獨到的見解，認爲史家之於史料應該善於審定，辯證地看待真僞；同時要善於利用史料，詩詞、小説，以及稗史、筆記等，都可以用做歷史研究的材料，這顯然是一種「通識」的史料觀。陳寅恪詩文箋證的治史方法，即是在這種史料觀的指導下産生的，具體做法是以歷史記載去箋證詩文，同時詩文又可用以證史、探討史事，從而開闢出了一條新的證史路徑。一九五〇年出版的元白詩箋證稿，以及晚年寫成的巨作柳如是別傳，便是運用這種方法的代表作。陳寅恪關於「民族文化之史」的論述，其基本内涵包括政治制度、社會習俗、學術思想、文學藝術。陳寅恪的歷史觀念，是要以民族文化爲根基，同時吸收外來學説，由此構建起本民族思想文化體係；而不談經濟基礎的作用，則是其歷史觀念的局限性。

這一時期的中國馬克思主義史學家，不但積極投身於抗戰史學當中，爲全民抗戰進行歷史研究，而且把歷史研究與當時的革命鬥争相結合，逐漸形成了馬克思主義的革命史學。縱觀這一時期中國馬克思主義史學研究，主要在以下三個方面取得了顯著成就：其一是社會史研究，代表史家有吕振羽、鄧初民、侯外廬等人。吕振羽於一九四二年出版了中國社會史諸問題，該書是對二十世紀二三十年代中國社會史問題論戰的一個較爲係統的總結，正如作者在新版序言中所説，該書「反映了中國新史學在歷史科學戰綫上的鬥争過程中的若干情況，也反映了有關各派對中國史問題的基本立場、觀點、方法及其在一定時期的發展過程，可作爲中國馬克思主義史學史的參考資料」。鄧初民於一九四〇年和一九四二年分別撰寫出版了社會史簡明教程和中國社會史教程，兩書運用馬克思主義唯物史觀，分別論述了人類社會歷史的發展過程及其規律和中國社會歷史的發展過程及其規律。在中國社會史教程一書中，鄧初民指出了中國社會發展的前途是光明燦爛的，我們應該要「努最後必死之力，加以爭取」。侯外廬於一九四七年出版了中國古代社會一書，內容涉及生產方式、政治結構、階級關係、國家和法以及道德起源等問題，見解頗爲深刻。總體來說，這些社會史著作可以被看作是二十世紀二三十年代社會史大論戰的總結、延續和深入。

其二是通史研究。這方面的成就尤爲突出，吕振羽的簡明中國通史、范文瀾的中國通史簡編和翦伯贊的中國史綱都是這一時期的通史名作。吕振羽於一九四一年出版簡明中國通史上册，如同其出版序言所説，該書「與從來的中國通史著作頗不同」，這種「頗不同」主要表現在它「把中國歷史作爲一個發展過程在把握」，「還盡可能照顧到中國各民族的歷史及其相互關係」。一九四八年出版下册，在跋語中作者申明該書的基本精神是「把人民歷史的面貌復現出來」。范文瀾於一九四二年出版了中國通史簡編，該書的基本精神旨在將歷史研究與中華民族的前途相結合，如同作者在上册序言中所説的，「我們要瞭解整個人類社會的前途，我們必須瞭解人類社會過去的歷史；我們要瞭解中華民族的前途，我們必須瞭解中華民族過去的歷史」。這也正是中國通史簡編撰寫的初衷。本着這樣一個目的，該書的編寫運用馬克思主義觀點，肯定勞動人民的歷史作用，重視探尋社會發展的規律，注意分析階級鬥爭的本質，積極反映生產鬥爭的面貌。翦伯贊於一九四三年和一九四六年分別出版了中國史綱第一、二册，該書運用馬克思主義觀點，剖析了商周社會性質以及戰國秦漢社會性質的轉變，注意將中國歷史置於世界歷史的大背景下進行考察，在研究方法上重視以考古材料與文獻資料相結合。

其三是思想史研究，代表史家有吕振羽、何幹之、侯外廬等人。吕振羽於一九三七年出版了中國政治思想史，這是我國第一部運用馬克思主義理論論述中國政治思想的著作。撰述的初衷，是針對陶希聖的同名著述，可以被視爲社會史論戰的延伸。作者解釋所謂的政治思想史，「本質上係同於社會思想史」。全書按社會性質及其發展階段，對上自商朝下至鴉片戰爭前的中國政治思想史作了係統論述。何幹之於一九三七年出版了近代中國啓蒙運動史，該書重視將思想運動和社會的經濟結構、政治形態聯係在一起來進行研究，肯定評價各種思想文化必須運用「歷史的眼光」，把思想文化放在特定的歷史環境中進行考察、分析和評價。侯外廬關於思想史的研究建樹最多，他於一九四四年出版了中國古代思想學説史，具體探討了歷史演進與思想發展、新舊範疇與思想變革、思想發展過程與時代個别學説、學派同化與學派批判、學説理想與思想術語、現實與遠景等等的關係，見解深刻；一九四五年出版了中國近世思想學説史，這是一部論述十七世紀至二十世紀中國思想學説發展史的著作，以十七世紀爲啓蒙思想期、十八世紀爲漢學運動期、十九世紀以後爲西學東漸期做劃分；一九四七年主持編寫出版了中國思想通史第一卷，該書編寫的主旨思想，作者在出版序中説，是「特在於闡明社會進化與思想變革的相应推移，人类新生與意識潛移的聯係」。

如果説五四運動以來至抗戰以前的中國馬克思主義史學的傳播主要還只是李大釗、郭沫若等少數人的努力的話，那麽隨着抗日戰争爆發，這樣的局面得到了很大的改觀，馬克思主義史學在此後得到了迅速發展。隨着馬克思主義史學家們在史學研究各個領域的全面開展，并且取得了許多重要的研究成果，一種新的「革命史學」體係便逐漸建立起來了。這種「革命史學」爲抗日戰争和全國解放戰争的勝利做出了重要貢獻，成爲中國共産黨領導的中國革命事業的重要組成部分。

縱觀民國時期史學的發展，明顯呈現出以下特點：首先是階段性。民國史學如同民國社會一樣，處在不斷的嬗變當中，故而呈現出明顯的階段性特點。這種階段性，大致可以分爲民國建立前後從傳統史學向新史學的轉變，五四時期及此後新史學向考證史學（廣義而言考證史學也屬於新史學）的轉變，抗戰時期考證史學向經世史學的轉變，從抗戰到解放戰争時期，馬克思主義革命史學迅速發展。

其次是經世性。民國史學的嬗變，呈現出階段性特點，又是與史學發揮其經世功能緊密相連的。五四新考證學派史學雖然標榜自己的學問「只當問真不真，不當問用不用」，其實他們的考證史學是與五四新文化運動提倡的科學精神分不開的。新考證史學雖然有傳承乾嘉治史方法的因素，更有學習西方，希望建立科學的史學的願望所在。正如顧頡剛所説的，「五四運動以後，西洋的科學的治史方法，才真正傳入，於是中國才有科學的史學可言」（注六）。這種科學的史學，與當時建立科學、民主的中國的社會訴求是相一致的，其實也是具有經世的内蘊於其中的。抗戰時期，包括實證主義和馬克思主義等在内的史家都積極投身於宣傳民族文化當中，則是與當時的救亡圖存聯係在一起的，這種史學經世直面社會問題、直面民族危機，其方式當然更加直截了當。毫無疑問，民國史學在其不同階段，整體上都没有脱離經世的主旨，這也是中國史學的優良傳統。

再次是流派多。這一時期的史學流派可謂异彩紛呈，有新史學派、國粹派、新考證學派、馬克思主義學派等等。每一學派下面又可具體劃分出具有不同特點的派别，如新考證學派雖然都以考證見長，但他們的學術風格還是不盡相同的，據此又可細劃出以胡適爲代表的實證派、顧頡剛爲代表的古史辨派、傅斯年爲代表的史料學派、王國維爲代表的考古派等等。一些學者根據各自不同的標準，對民國史學流派作了不同的劃分，如有信古派、疑古派與釋古派之分，有傳統派、革新派與科學派之分，有考據學派、唯物史觀派和理學派之分，有掌故派、社會學派之分，如此等等，不一而足。

總體來看，民國史學影響最大者，莫過於新考證學派和馬克思主義學派，抗戰以前以新考證學派最盛，抗戰以後馬克思主義學派得到迅速發展。這些史學流派的史學理論與方法，迄今依然成爲我們歷史研究的重要範式。

近代名家散佚學術著作叢刊選取了一九四九年以後未再出版的十六部民國時期的史學著作進行重刊，它們分別是朱謙之的扶桑國考證、魏應麒的中國史學史、衛聚賢的中國考古小史、陳伯瀛的中國田制叢考、謝國楨的清初流人開發東北史、張鵬一的唐代日人來往長安考、鍾歆的揚子江水利考、梁盛志的漢學東漸叢考、顧頡剛、楊尚奎的三皇考、陶棟的歷代建元考、陳述的契丹史論證稿、陳寶泉的中國近代學制變遷史、陳里特的中國海外移民史、鄭鶴聲的史漢研究、章中如的清代考試制度資料和郭伯恭的永樂大典考。之所以重刊這批史學著作，是看到了它們在今天依然有其學術價值所在。作爲一份豐厚的史學遺產，值得我們去加以發掘和繼承。

從所選十六部史學作品來看，明顯打上了民國史學的時代烙印，體現了民國史學的時代特徵。首先，研究内容涉獵廣博。涉獵廣博，是民國史學的基本特點，反映了民國史家學術視野的開闊。選擇重刊的雖然只有十六部史著，涵蓋面卻非常廣博，有史學史方面的，如中國史學史、史漢研究；有學術史方面的，如漢學東漸叢考、永樂大典考；有教育史方面的，如中國近代學制變遷史、清代考試制度資料；有經濟史方面的，如中國田制叢考、揚子江水利考、清初流人開發東北史；有考古史方面的，如中國考古小史；有民族史方面的，如契丹史論證稿；有中外交往史方面的，如扶桑國考證、唐代日人來往長安考、中國海外移民史；還有名號、年號史方面的，如三皇考、歷代建元考等。這樣的全方位的歷史研究，是民國史學的一個縮影。

其次，治學方法重視考證。重視考證，是民國史學的顯著特點。在十六部史著中，除去魏應麒的中國史學史、衛聚賢的中國考古小史、陳寶泉的中國近代學制變遷史、陳里特的中國海外移民史、鄭鶴聲的史漢研究和章中如的清代考試制度資料等六部外，其他十部都是考史著作。涉及的考證領域很廣，有國名、田制、開發、交通、水利、學術、名號和學制等等。在具體考證上，重視方法的運用。如朱謙之的扶桑國考證，按照作者自己在自序中所説，該書是「從文獻學、民俗學、考古學三方面的史料搜集和批評的結果」，這裏既是講史料搜集問題，也是講歷史考證方法。又如陳伯瀛的中國田制叢考，作者也在自序中交代了其作史、考史方法：首在網羅放失，整輯舊聞；次在探究原本；三則覆核名實；四則辨正事蹟；五則鑒古度今。可見該書對廣占資料、辨證核實的重視。

再次，治學宗旨强調致用。經世致用，是民國史學的重要特點，抗戰以後的史學表現尤其突出。所選十六部史著，也體現了重視經世致用的特點。如陳伯瀛之所以要撰述中國田制叢考，按照作者的解説，是因爲田制與農人、社會和國家休戚相關。該書「敍引」就説，田制影響農人生計，農人生計又會影響到社會秩序與和平。又如鍾歆的揚子江水利考，作者在該書「敍言」中論述了撰述該書的原因：一方面民國以前揚子江鮮有水患，所以過去這方面的論著很少；另一方面民國以來的數十年間，揚子江水患頻發，國家需要計劃治理，而治理水灾，就必須要先瞭解水文歷史。很顯然，該書是爲了治理揚子江水患的需要而撰寫的，經世意圖非常明顯。再如陳寶泉作中國近代學制變遷史，其實是蘊含了作者教育救國的思想於其中的。在該書自序中，作者明確指出學制與人才問題關係到國家興亡的根本。他有感於當時各國教育制度的日新月異，而中國卻没有關於教育制度的專書作比較，致使切合國情的新的教育一時無由發現。他撰寫該書的目的，便是希望通過總結近代中國學制的變遷，找尋出一種更加適合當時中國需要的新的學制。

最後，歷史見解精辟獨到。如朱謙之扶桑國考證考證扶桑國爲何處，這是對當時世界史學界討論的一個熱點問題的積極回應。自從一七六一年法國人歧尼（De Guignes）發表中國人之美洲海岸航行及住居亞洲遠東之幾個民族的研究，提出扶桑爲美洲墨西哥説以來，引起了世界史學界的長期大討論，基本觀點無非有肯定與否定兩種，否定中又有扶桑國爲日本和樺太的不同説法。朱謙之依據文獻、民俗和考古資料，比較了世界史學界諸説的異同和存在的問題，得出了扶桑即美洲墨西哥的結論，不但駁斥了扶桑非美洲説的觀點，而且對美洲説也作了補充論證，更有説服力。又如魏應麒的中國史學史的問世，按照作者的説法，是「前無作者」的史著，卻表現得非常成熟。該書對中國史學的特質與價值、史籍的位置與類別、史館建置與職守、史學發展之情形、史書體裁之發展、史學理論與方法之運用等等，都提出了自己的見解，即使在今天，也不失爲有創見的反映中國史學史的著作。又如顧頡剛、楊尚奎的三皇考，這是民國考證派史學的代表作之一。在該書中，作者對「皇」、「三皇」、「太一」等相關概念作了係統闡釋，對三皇説與太一説的消長及其相互關係進行了論述，對與三皇相關的伏羲、盤古、女媧等古聖王的地位變化作了考察，對三皇、太一在道教中的地位作了説明，對歷史上關於三皇的信仰與祭祀情況作了梳理，并且旁及河圖洛書、三墳五典等等内容。這樣一個係統的考察，旨在論證「三皇」傳説只是托古改制的産物，認爲民族自信力應該建立在理性上，而不是虚假的三皇上。書中闡發的觀點，在當時史學界有很大的影響。應該説所選十六部史著，都是作者的心得之作，這裏不一一贅言。

挖掘、清理和總結民國史學，對於我們全面認識和係統借鑒民國史學，推動新時期中國史學與史學思想的發展是很有裨益的。借此對主持重刊工作的山西人民出版社表達一個史學工作者的由衷敬意！

二〇一四年五月於北京師大京師園

注一 當代中國史學，遼寧教育出版社一九九八年版，第一百五十三頁

注二 史料論略及其他，遼寧教育出版社一九九七年版，第二百頁

注三 禹貢四卷十期，禹貢學會募集基金啓事

注四 陳智超陳垣來往書信集，上海古籍出版社一九九〇年版，第二百一十六頁

注五 國史大綱，商務印書館一九九四年版，第十一頁

注六 當代中國史學，遼寧教育出版社一九九八年版，第二頁

作者簡介

郭伯恭（一九〇五年—一九五一年），河南鄧縣夏集鄉田窪村蔣郭寨人，文學家、史學家和詩人。他一生自修力學、博通典籍，從事對四庫全書、永樂大典、宋四大書纂修始末和魏晋詩歌的研究。

自序

永樂大典，囊括百家，統馭萬類，卷帙之富，為明以前官書所未有，道釋兩藏所卻步。清之四庫全書，卷册雖較大典為繁，然去取之間，衞道之氣太重，俚辭雜作，多為屏斥，不若大典之於儒書之外，闌入釋典道經，雅俗並陳之為愈也。惜滄桑屢經，正本早亡，副本殘存無幾，後之考訂宋元兩代文獻者，徒對其名與歎而已，可勝惜哉！

大典成書，迄今逾五百年矣。關於是書之歷史，雖零篇斷簡，不乏記載，然欲求一有系統之說明，尚付闕如也。光緒戊申，繆荃孫先生始為永樂大典考，（見國粹學報四十九期文篇後收入藝風堂文續集卷四）記述較詳，惟字僅逾千，闕漏仍多。後袁同禮先生，（袁氏永樂大典考見學衡二十六期民國十三年二月出版）李正奮先生，（李氏永樂大典考見圖書館學季刊一卷二期十五年六月出版）對於繆文稍有增補，而於是書之纂修及職官錄副與散佚，仍復語焉不詳，覽者病焉。

竊不自揆，既撰四庫全書纂修考，更欲將大典纂修始末一一為之考證，俾便觀覽。因就見聞所記，輒加整理，草成斯編。為期短促，乖誤難免，世之博雅君子，幸教正之！

民國二十六年三月十九日，古穰郭伯恭序。

目錄

永樂大典考

第一章　導言

古人以書契爲察民布政之所資，故書統於官。唐虞三代，俱備史官，以掌典籍。而諸侯亦各有國史，分掌其職。嗣後歷代開國立業之帝王，靡不垂意典籍，以稽古右文爲盛業。秦幷天下，焚詩書以愚黔首，雖爲變例，然咸陽有柱下方書，掌於御史，蕭何得從而收之，秘府所藏，未嘗燬也。漢興，改秦之敗，大收篇籍，廣開獻書之路，建藏書之策，外有太常、太史、博士之藏，內有延閣、廣內、秘室之府，百年之間，書積如山。成帝復求遺籍，使劉向任宏尹咸李柱國等校中秘所藏，向子歆總羣書而奏其七略。東京之世，石室蘭臺，彌以充棟，東觀仁壽纂集益多，班固傅毅並典秘籍，固又依七略而爲漢書藝文志。下逮魏晉，以迄六朝，好事之君，慕古之士，莫不以典籍爲意；雖南北未一，購輯未弘，然學者輩出，歷世整比，羣分類聚遞相祖述目錄之學稱備焉。隋氏建邦寰區一統，煬皇好學喜聚逸書，而隋世簡編，最爲博洽。及大業（六〇五——六一七）之季，雖有喪失，唐興購募亡逸，秘府圖籍，復爲大備。開元三年（七一五）左散騎常侍褚无量馬懷素侍宴言及經籍，玄宗曰：『內庫皆是！』七年（七一九）復詔公卿士庶之家所有異書官借繕寫及四部書成，帝令百官入乾元殿東廊觀之，無不駭其廣。故論者謂：『歷代之書籍莫厄於秦，莫富於隋唐。隋嘉則殿書三十七萬卷；而唐之藏書開元最盛，爲卷八萬有奇。』（註一）然隋唐以前俱出鈔寫，典籍流傳爲數尙無多也。

迨唐以後，印刷發明，流行益廣，秘府所藏，粲然具備。宋時三館圖籍，號稱美富：太宗建崇文院徙三館之書以實之，又分三館書萬餘卷，別爲書庫，目曰秘閣。眞宗時命三館寫四部書二本置禁中之龍圖閣及後苑之太清樓，而玉宸殿四門殿亦各有書萬餘卷；又以秘閣地隘，分內藏西庫以廣之。仁宗時命翰林學士張觀等編四庫書，仿開元四部錄爲崇文總目，書凡三萬六百六十九卷。徽宗時復購求士民藏書，又補校三館逸遺秘閣圖籍，至是益盛。雖靖康蕩析之餘，宣和殿太清樓龍圖閣所儲，盡歸於燕；（註二）而高宗移蹕臨安，復建秘書省於國史院之右，搜訪遺闕，屢優獻書之賞，於是四方之書稍稍復出，以故館閣所儲，不減東都盛時。當時類次書目，得四萬四千四百八十六卷。至寧宗時續書目，又得一萬四千九百四十三卷。視崇文總目，又有加焉。（註三）

元起朔漠，未遑文事，太宗八年（一二三六），始用耶律楚材言，立經籍所於平陽，編集經史。世祖至元四年（一二六七）徙置京師，改名宏文院。九年（一二七二）置秘書監，掌歷代圖籍並陰陽禁書。及大兵南下，命焦友直括宋秘書省禁書圖籍；伯顏入臨安，遣郎中孟祺籍宋秘書省、國子監、國史院、學士院圖書，由海道舟運至大都。秘府所藏，彬彬可觀。十五年（一二七八）四月，世祖復用許衡言，遣使取杭州在官書籍板，及江西諸郡書板，立興文署以掌之。故元奎章崇文之積，不下於歷朝。（註四）且合宋金兩朝所蓄，而爲一代之書，計數百萬卷，（註五）是則燕都藏弆之盛，可以概見矣。

明太祖既克建康，即命有司訪求遺書。洪武元年（一三六八）發燕，命大將軍徐達盡收奎章崇文秘書圖籍，致之南京。及燕平，又詔求民間遺書，時宋刻板本有一書至十餘部者，（註六）可知明之積儲，又倍蓰前代矣。建文在位未幾，而靖難兵起，燕王入南京，即帝位，改元永樂。時不平之氣，偏於海宇，成祖知不可以力服，冀借稽古右文之舉，以消弭草野私議。於是召天下文學士，啓秘閣圖書，開館纂修永樂大典，陸文裕比之宋太宗，（註七）殆尤甚焉！

（註一）語在宋史藝文志。

（註二）北宋所蓄盡歸於燕云云，見洪邁容齋續筆卷十五書籍之厄條。

（註三）以上史實，根據漢隋唐宋諸史藝文志。

（註四）見錢大昕補元史藝文志序。

（註五）見孫承澤春明夢餘錄卷十二文淵閣條附冒。

（註六）見沈德符野獲編卷一訪求遺書條。

（註七）見春明夢餘錄卷十二引。

第二章　永樂大典之纂定

一　事前之醞釀

永樂大典，實爲一廣義之類書；而類書之纂修，在明太祖洪武二十一年（一三八八）即有是議。時解縉初舉進士，授中書庶吉士，常侍帝側，甚見愛重。一日，帝在大庖西室諭縉：『朕與爾義則君臣，恩猶父子，當知無不言。』縉於是上封事萬言，內有云：（註一）

臣見陛下好觀說苑韻府雜書，與所謂道德心經者，臣竊謂甚非所宜也。說苑出於劉向，向之學不純，溺於妄誕，所取不經，且多見戰國縱橫之論，壞人心術，莫此爲甚。韻府出元之陰氏，鄙猥細儒，學孤識陋，蝹集一時，兔園寒士，鈔緝穢蕪，略無可采。陛下若喜其便於檢閱，則願集一二志士儒英，臣請得執筆而隨其後，上泝唐虞夏商周孔之華奧，下及關閩濂洛之佳葩，根實精明，隨事類別，以備勸戒；刪其無益，焚其謬妄，勒成一經，上接經史，豈非太平制作之一端也歟？

疏奏，帝稱其才。縉尋除江西道監察御史以劾都御史袁泰事，帝慮其少涵養，將為衆所傾，特命歸益進所學，期以後十年將大用，此事遂遭擱置。及『洪武戊寅（三十一年）嘗詔編輯經史百家之言為類要，侍讀唐愚士等纂修未成』（註二）蓋以是年閏五月太祖崩，益不暇顧纂輯之事矣。

迨成祖靖難成功時，不平之氣盈海宇，於是思以文治籠羅天下士，故即位之初，首以解縉胡廣黃淮胡儼楊士奇楊榮金幼孜等七人用文學薦入翰林預機務。繼復思借文墨以銷磊塊，乃於永樂元年（一四〇三）七月丙子（一日），諭翰林學士解縉等曰：（註三）

天下古今事物散載諸書，篇帙浩穰，不易檢閱。朕欲悉采各書所載事物類聚之，而統之以韻，庶幾考索之便，如探囊取物爾。嘗觀韻府回溪（註四）二書，事雖有統，而採摘不廣，記載太略。爾等其如朕意，凡書契以來經史子集百家之書，至於天文地志陰陽醫卜僧道技藝之言，備輯為一書，毋厭浩繁！

此爲纂修大典之第一聲。縉等奉諭即着手編纂，其詳已不可考。至永樂二年十一月丁巳（二十一日）進所纂錄韻書賜名文獻大成。賜縉等百四十七人鈔有差，錫宴於禮部。（註五）此即永樂大典之前身也。

文獻大成之纂修，越一年而告蕆，其簡略可知。與修諸人，除解縉外，今可考見者，僅廖敬先名欽，以字顯，吉水人。永樂元年奉詔起修太祖實錄，既至而事畢，成祖曰：『此老儒即以爲翰林檢討。』於是拜翰林，命修文獻大成，日務纂書業，未就，以二年四月十日卒於館。（註六）王紱挽廖檢討先生詩云：（註七）『玉署編書未及完，珮聲無復上金鑾；可憐殘葉留遺篋，掩卷令人不忍看。』蓋即悼其弗獲觀成也。

時修書之外，成祖復命解縉等，於新進士中選材質美敏者，就文淵閣進學，俾讀中秘之書，以資其博洽。永樂三年（一四〇五）正月壬子（十五日）縉等選定修撰曾棨、編修周述、周孟簡、庶吉士楊相、王訓、王直、吾紳、彭汝器、劉子欽、余學夔、童樸、盧翰、熊直、王道、羅汝敬、沈升、柴廣敬、王英、金鼎、湯流、洪順、段民、楊勉、章敞、李時勉、倪維哲、陳敬宗、袁添祿等二十八人。時庶吉士周忱自陳年少願進學，成祖命增忱爲二十九人。於是命司禮監月給筆墨紙，光祿寺給朝暮膳，禮部月給膏燭鈔，人三錠，工部擇近地宅居之。且命縉領其事。數召至便殿問以經史子集故實，或至抵暮方退。（註八）文事奬飾，盛爲時人所稱。以上二十九人，皆永樂甲申（二年）進士。其後參與永樂大典纂修之役者，以今所考達十三人，則此時培育之深，正異日用之之廣也。古昔帝王作人之盛，皆賴此道而成。黠哉！成祖此舉，又不僅徒銷磊塊而已也。

二　纂修之經過

文獻大成之纂修，參與學者既少，爲時復短，自不能詳備靡遺。故不久成祖覽之，以爲尙多闕略，遂命重修，『於是廣召四方儒者，許侍臣各舉所知，至（永樂）三年正月開局纂修，命太子少師姚廣孝，禮部尙書鄭賜監修，刑部左侍郎劉季篪副監修，賜卒，以贊善梁潛代焉。』（註九）潛字用之，按楊士奇梁用之墓碣銘云：（註一〇）『（永樂）五年，命以本官兼右春坊右贊善進儒林郎，時修永樂大典，召至四方儒學老成充纂修及繕寫之士，幾三千人，人衆事殷，特命太子少師姚廣孝，禮部尙書鄭賜總之。已而賜卒，命禮部翰林院就院推舉才學服衆者代賜，遂舉用之。用之方公明決，涖事有程，而惰慢放肆者不樂之，相與誣其過於上，召問具對云云。上曰「梁潛言是」，遂抵造誣者罪。』據此，則大典之纂修，梁潛之功，殆尤多云。

然太宗實錄所載，與此頗有出入，實錄（卷三十六）曰：『既而上覽所進書，尚多未備，遂命重修，而敕太子少師姚廣孝、刑部侍郎劉季篪及縉總之。命翰林學士王景、侍讀學士王達、國子祭酒胡儼、司經局洗馬楊溥、儒士陳濟爲總裁，翰林院侍講鄒緝、修撰王褒、梁潛、吳溥、李貫、楊覲、曾棨、編修朱紘、檢討王洪、蔣驥、潘畿、王偁、蘇伯厚、張伯穎、典籍梁用行、庶吉士楊相、左春坊左中允尹昌隆、宗人府經歷高得暘、吏部郎中葉砥、山東按察僉事晏璧爲副總裁，命禮部簡中外官及四方宿學老儒有文學者充纂修，簡國子監及在外郡縣學能書生員繕寫。開館於文淵閣，命光祿寺給朝暮膳。』據此，則監修爲姚廣孝、劉季篪、解縉，而無鄭賜、梁潛，然稽諸他籍，實不然，且充正副總裁者，尚有多人。楊士奇爲當時文淵閣直閣事，親目所見所言，自較可信。太宗實錄成於宣德中，後人重修，或不免舛誤耶？容後章詳論之。

重修文獻大成，參與之人既多，成功自易，故至永樂六年（一四〇八）冬，即全部告蕆；姚廣孝等奉表進呈凡二萬二千八百七十七卷，凡例並目錄六十卷，共一萬一千九十五册，更賜名永樂大典。（註一二）成祖親製序以冠之，其文曰：（註一三）『朕惟昔者聖王之治天下也，盡開物成務之道，極財成輔相之宜；修禮樂而明教化，闡至理而宣人文。粵自伏羲氏始畫八卦，通神明之德，類萬物之情，造書契以易結繩之治。神農氏爲耒耨之利，以教天下。黃帝堯舜氏作，通其變，使民不倦，神而化之，使民宜之，垂衣裳而天下治。禹叙九疇，湯修人紀之數，聖人繼天立極，皆作者之君。所謂制法興王之道，非有述於人者。曁乎文武相繼，父作子述，監於二代，郁郁乎文。孔子生周之末，有其德而無其位，承乎數聖人之後，而制作以備，乃贊易，序書，修春秋，集羣聖之大成，語事功則有賢於作者。周衰，接乎戰國，縱橫捭闔之言，與家異道而人異論，王者之迹熄矣。迄秦有燔禁之禍，而斯道中絕。漢興，六藝之教漸傳，而典籍之存可考。繇漢而唐，繇唐而宋，其制作沿襲，蓋有足徵。然三代之後，聲明文物所可稱述者，無非曰漢唐宋而已。

『洪惟我太祖高皇帝膺天受命，混一輿圖，以神聖之資，廣述作之奧，與造禮樂制度，文爲博大悠遠，同乎聖帝明王之道。朕嗣承鴻基，勔思纘述，尙惟有大混一之時，必有一統之制作，所以齊政治而同風俗。序百王之傳，總歷代之典，世遠祀縣，簡編繁夥，恆慨其難一。至於考一事之微，汎覽莫周，求一物之實，窮力莫究；譬之淘金於沙，探珠於海，戛戛乎其不易得也。乃命文學之臣，纂集四庫之書；及購天下遺籍，上自古初，迄於當世，旁搜博採，彙聚羣分，著爲奧典。以爲氣者天地之始也，有氣斯有聲，有聲斯有字，故用韻以統字，用字以繫事，揭其綱而目畢張，振其始而末具舉。包括宇宙之廣大，統會古今之異同，巨細精粗，粲然明備。其餘雜家之言，亦皆得以附見。蓋綱羅無遺，以存考索。使觀者因韻以求字，因字以考事，自源徂流，如射中鵠，開卷而無所隱。始於元年之秋，而成於六年之冬，總二萬二千九百三十七卷，名之曰永樂大典。臣下請序其首，蓋嘗論之：未有聖人，道在天地；未有六經，道在聖人；六經作而聖人之道著。所謂道者，彌綸乎天地，貫通乎古今，統之則爲一理，散之則爲萬事，支流蔓衍，其緒紛紜，不有以統之，則無以一之。聚其散而兼總其條貫，於以見斯道之大，而無物不該也。朕心潛聖道，志在斯文，蓋嘗討論其指矣。然萬幾浩繁，實資翫覽，姑述其概，以冠諸篇，將以垂示無窮，庶幾或有裨於萬一云爾。』

又姚廣孝等進永樂大典表，今幸存於靈石楊氏連筠簃叢書永樂大典目錄卷首，亦大典僅存之文獻也。茲並錄之：『伏以皇明之治大一統，車書昭聲教之隆；聖人之道貫百王，制作備典章之盛。丕顯太平之鴻業，永爲經世之宏規。臣聞泰運肇開，人文乃著；卦爻始立，書契遂興。故羲禹開天，河洛闡圖書之瑞；成康致治，豐鎬宣雅頌之音。道咸具於聖經，事實關於氣運。恭維皇帝陛下，聰明睿智仁聖武文，受天命而主百邦，坐明堂而朝萬國。九疇時叙，庶績咸熙，治定功成，禮明樂備。爰懋昭於聖學，遂大播於綸音。以爲堯舜之道，載諸典模；文武之政，布在方策。前聖遠而微言隱，諸子出而衆議興。簡編浩山海之繁，經制異質文之尙。欲觀會通而行典禮，必合古今而集大成。勅遣使臣，博採四方之籍；禮招儒彥，廣納中秘之儲。事跡務在於周詳，義例必令於明白。於是上自古初，暨於昭代，考索纍朝之逸典，蒐羅百世之遺言。名山所藏，金匱所紀，人間之所未覩，海外之所罕聞，莫不具其實而陳其辭，參於萬而會於一。旁通廣彙，宏著三才，該貫幽微，幷包宇宙。允發揮於既往，用啓迪於方來。聚衆寶於府庫之中，珪璜有序；觀萬物於日月之下，品類咸彰。於以立政而興邦，於以開物而成務。巍乎冠古超今之作，煥乎經天緯地之文。討論仰稟於聖謨，裁定恪遵於宸斷。嘉名錫載，睿藻薦頒。雲漢昭回，並拜九重之賜；龍光輝燭，允爲多士之榮。仰聖教於中天，闡文明於萬世。昔石渠論事，徒矜議奏之煩；册府成書，未悉彝章之懿。惟茲大訓，實邁前聞。臣廣孝等學本庸疏，才非通敏，忝預編摩之任，叨蒙眷遇之恩。屢閱歲時，僅成卷帙，敢上塵於觀覽，期俯賜於矜容。經綸大經，建立大本，尙資稽古之功；博厚配地，高明配天，永贊崇文之治。謹繕寫成永樂大典二萬二千八百七十七卷，凡例並目錄六十卷，裝潢成一萬一千九十五册，隨表上進以聞。無任瞻天仰聖激切屏營之至！』

觀成祖之序，與姚廣孝等之表，可知大典『包括宇宙之廣大，統會古今之異同，巨細精粗，粲然明備；』上自唐虞，迄於明初，凡經史子集百家之書，以及天文地志陰陽醫卜僧道技藝之言，靡不旁搜而彙輯之，括之以類，統之以韻，是誠彙萬卷於一編，合千載於一時之鉅製也。宋元以前之佚文秘典，賴此多得而傳。雖成祖勅纂之初，意在羈縻士子，消弭反抗，然於保存文獻之功，究不可得一概抹殺而論也。

（註一）解縉大庖西上封事，原文見所著解文毅公集（乾隆三十一年重刻本）卷一頁一；又見鄧球皇明泳化類編奏議卷之六十九題下署『洪武戊辰（二十一年）四月』，當卽保上封事之年月也。

(註二)語在黃佐翰林記（嶺南遺書本）卷十三頁五修書條。

(註三)見明太宗實錄卷二十一。按燕王棣卽帝位至永樂二十二年七月崩，九月上尊，諡曰文皇帝，廟號太宗。嘉靖十七年九月改上尊廟號成祖。故明人記載皆曰太宗文皇帝，今吾人習知成祖爲燕王，幾不知太宗爲誰，實則皆彼一人耳。）

(註四)四庫全書總目提要子部類書類存目一，謂回溪卽回溪史韻也。

(註五)見太宗實錄卷三十六。

(註六)詳見解縉解文毅公集卷十二頁四，翰林院檢討廖君墓表。

(註七)見所著王舍人詩集（文津閣四庫全書本）卷五頁十六。

(註八)此據翰林記卷四頁二文淵閣進學條。

(註九)見同註二。

(註一〇)見楊士奇東里文集（明正統十年刻本）卷十七頁八——頁十三。

(註一一)據太宗實錄卷七十三云：『永樂五年十一月乙丑（十五日）太子少師姚廣孝等進重修文獻大成，書凡二萬二千二百一十一卷，一萬一千九十五本，更賜名永樂大典。』然成祖序明言「始於元年之秋，而成於六年之冬」，且靈石楊氏連筠簃叢書永樂大典目錄卷首所載成祖序尾尙署「永樂六年十二月朔日序」；又按梁潛代鄭賜爲監修，賜卒於永樂六年六月，倘五年冬書成，潛繼之何爲？（詳後章）則知實錄所載有誤，當以六年冬告蕆爲是。又實錄所載卷數，亦不合，成祖序及姚廣孝表已明言之，且大典目錄今存，尚可稽核。以此知實錄所載之數字，益不足憑也。

（註一二）太宗實錄及永樂大典目錄卷首均載之。

第三章　纂修諸人攷略

凡官修書進呈例有賞賚，永樂大典告蕆後，據太宗實錄（卷七十三）云：『賜廣孝等二千一百六十九人鈔有差。』（註一）似以爲當時與事者止此數而已。而孫承澤乃云：（註二）『正總裁三人，副總裁二十五人，纂修三百四十七人，催纂五人，編寫三百三十二人，看詳五十七人，謄寫一千三百八十一人，續送教授十人，辦事官吏二十人，凡二千一百八十人。』較之實錄多十一人，豈當時以教授十人爲續送，而賜鈔未之及耶？然參諸他籍，則充監修者四人，充正總裁者九人，充副總裁者二十五人，總數或云二千餘人，或云幾三千人，或云數千人，與實錄孫承澤所云，頗不相符。我國著錄家多不及數字之詳，今殊難知其確數，茲就可考見者，試分述之。

一　正副監修考

永樂大典開館時之組織法，當時必有單行條例，惜已不可考。今可知者，該館之最高領袖則爲監修官；其次總裁、纂修、編寫分工合作，而以總裁董其成。考充正監修官者爲姚廣孝、鄭賜；充副監修官者爲劉季箎。楊士奇故工部營繕司主事劉君（季箎）墓誌銘云：（註三）『永樂乙酉（三年）朝廷廣召文儒纂修大典，命太子少師姚廣孝，禮部尚書鄭賜監修，而擇六卿之貳有文學者一人爲之副，遂以命君（季箎），討論裁處，人多服之。書成，受厚賜。』鄭賜卒，以梁潛代之（見前）。實錄云：『敕太子少師姚廣孝，刑部侍郎劉季箎及縉總之』者，蓋以文獻大成之纂修，解縉實主之，因而連帶及之歟？然大典之編纂，縉實爲總裁官。考楊士奇所撰縉墓碣銘，（註四）止云『初修高皇帝實錄，及永樂大典，皆爲總裁。』鄒元標明閣學記，（註五）亦僅云『後纂修高廟實錄及永樂大典，命縉爲總裁官』。可知縉實不曾爲監修官。然則充監修者，蓋姚廣孝、鄭賜、劉季箎、梁潛四人而已。

姚廣孝（註六）長洲人，本醫家子。年十四，度爲僧，名道衍，字斯道。事道士席應眞，得其陰陽術數之學。後從燕王定天下，論功以爲第一。永樂二年（一四〇四）四月，拜資善大夫太子少師，復其姓，賜名廣孝。成祖與語，呼少師而不命名。蓄髮不肯，賜第及兩宮人，皆不受。重修太祖實錄及永樂大典，廣孝皆爲監修書成，帝褒美之。成祖往來兩都，出塞北征，廣孝皆留輔太子於南京。五年（一四〇七）四月，皇長孫出閣就學，廣孝侍說書。十六年（一四一八）三月入覲，年八十有四矣，病甚不能朝，仍居慶壽寺。車駕臨視者再，語甚懽，賜以金唾壺。尋卒，諡恭靖，賜葬房山縣東北，帝親製神道碑誌其功。有逃虛子集十卷行世。

鄭賜（註七）字彥嘉，建寧人。洪武十七年（一三八四）以易經領鄉薦，明年擢進士，拜監察御史。秩滿，陞湖廣布政司右參議。丁母憂去官，服除，轉北平布政司右參議。燕王在藩，賜事惟謹，尋以事坐累謫置安東屯。建文即位（一三九九），拔爲工部尙書。成祖即位（一四〇三），轉刑部尙書。永樂三年（一四〇五），遷禮部尙書。時修永樂大典，充監修官。四年，成祖視朝之暇，御便殿閱書史，問文淵閣經史子集皆備否，解縉答曰：『經史粗備，子集尙闕略。』帝曰：『士人家稍有餘貲尙欲積書，况朝廷乎？』遂召賜命擇通知典籍者，四出購書。且曰：『書籍不可較值，惟其所欲與之。』賜爲人頗和厚，然不甚識大體，後爲同官所間，六年（一四〇八）六月二十四日卒，享年五十有八。洪熙初諡文安。有聞一齋集四卷，適與集及紀行詩若干卷。

劉季箎（註八）名韶，以字行，餘姚人。洪武二十七年（一三九四）進士，授行人司行人。使朝鮮，却其餽贐，帝聞賜衣鈔，擢陝西參政。建文中召爲刑部侍郎。永樂三年（一四〇五）纂修大典，季箎充副監修官，以襄助姚廣孝，鄭賜。八年（一四一〇），坐失出下獄，左遷兩淮鹽運副使，逡巡未行，復下獄。久之始釋，命以儒服隸翰林院編纂。十五年（一四一七）改工部營繕主事。二十年（一四二二）得痺疾，明年正月某日卒，享年六十有一。

梁潛（註九）字用之，泰和人。洪武二十九年（一三九六）舉鄉試，明年授四川蒼溪訓導。三十一年（一三九八）以薦除廣西四會知縣。建文初（一三九九），改陽江，陽春，皆以廉平稱。永樂元年（一四〇三）召修太祖實錄，書成，陞翰林修撰，授承務郎，賜白金五十兩，織金衣一襲，文幣四表裏。五年（一四〇七）命以本官兼右春坊右贊善，進儒林郎。六年，代鄭賜充永樂大典監修官，語詳前章。成祖幸北京，屢驛召赴行在。十五年（一四一七）復幸北京，太子監國，帝親擇侍從之臣，時翰林學士獨楊士奇，特詔尚書夏原吉呂震方賓舉一人副之，遂以舉潛。有陳千戶者擅取民財，令旨謫交阯，數日後念其有軍功貸還。或讒於帝曰：『上所謫罪人，皇太子典宥之矣。』帝怒，誅陳千戶，事連潛及司諫周冕逮至行在，親詰之，潛等俱以實對。帝謂楊榮呂震曰：『事豈得由潛？』然卒無人爲白者，俱繫獄。或毀冕放恣，遂併潛誅，時十六年（一四一八）九月十七日也。士君子聞潛死，皆嗟惋悼惜，又相與出資收殯之。有泊菴集十六卷。

右四人對於監修大典之詳細情形，官書無記載，依楊士奇言，則梁潛督促之功，至不可沒。鄭賜於永樂六年六月卒，距大典之成僅五月耳，潛繼之爲期雖短，然『方公明決，涖事有程』，大典之得以迅速告蕆，用之與有力焉。

二　正副總裁考

據實錄所載，充大典正總裁者，爲王景、王達、胡儼、楊溥、陳濟等五人；充副總裁者，爲鄒緝、王褒、梁潛、吳溥、李貫、楊覲、曾棨、朱紘、王洪、蔣驥、潘畿、王偁、蘇伯厚、張伯穎、梁用行、楊相、尹昌隆、高得暘、葉砥、晏璧等二十八人。然考諸他籍，充正總裁者，尙有李至剛、鄒濟、林環等三人；充副總裁者，尙有趙友同、王進、蔣用文、徐旭、劉均、余鼒等六人。且解縉實爲正總裁，不曾爲監修；梁潛實爲監修，不曾爲副總裁。合計之正總裁得九人，副總裁得二十五人。(註一〇)茲分述之：

正總裁除總攬館事外，兼盡纂輯之職者，以陳濟爲最。濟字伯載，武進人。讀書過目成誦。嘗以父命遊錢塘會稽，從縉紳先生學。從者載泉貨隨之貿遷，比還，以其貲之半市書，口誦手鈔十餘年，盡通經史百家之言。金實爲其撰行狀云：(註一一)『會朝廷修永樂大典，大臣有言先生者，以布衣召至，爲都督總裁，時合內外詞臣暨太學儒生衆數千人，繙閱中秘四庫書，浩瀚填委。先生至則與少師姚公，尚書鄭公，祭酒學士數輩，詳定凡例，區別去取，莫弗允愜。而六館執筆之士，凡有疑難，輒從質問。先生隨問響答，未嘗觝滯，疏快剖析，咸有源委，非口耳獵涉者可比。故一時之人無不服其該博。書成，擢右春坊右贊善，居輔導之職。』梁潛亦云：(註一二)『伯載……始自布衣薦入秘閣，總裁永樂大典，天下之士預在館者常二千餘人，皆推君爲能。卒拜贊善，與太子少師姚公監修成書者，君之勤勞爲多。』按濟謹慎無過，皇太子甚禮重之，嗣後凡稽古纂輯之事，悉以委之。隨事敷奏，多所裨益。居職十五年而卒，年六十二。

其次解縉縉(註一三)字大紳，號春雨，吉水人。年十八，舉江西鄉試第一。洪武二十一年(一三八八）舉進士，授中書庶吉士，尋命歸，居鄉八年。及太祖崩，縉入臨京師，爲有司所劾，謫河州衛吏，旋召爲翰林待詔。成祖入京師，擢侍讀，命與胡廣等六人並直文淵閣，預機務。尋進侍讀學士，奉命總裁太祖實錄及烈女傳永樂大典，書成受厚賜。曾棨爲其撰行狀云（註一四）『上方銳意稽古禮文之事，詔修烈女傳永樂大典諸書，公爲刊定凡例，删述去取，并包古今，蒐羅隱括，纖悉靡遺。』永樂二年（一四〇四）皇太子立，進縉翰林學士，兼右春坊大學士。以定儲議，爲漢王高煦所忌，遂坐累謫廣西布政司參議。既行，禮部郎中李至剛言縉怨望，改交阯，命督餉化州。永樂八年（一四一〇），終爲高煦所間，逮下獄，詔拷掠備至；詞連大理寺丞湯宗，宗人府經歷高得暘，中允李貫，贊善王汝玉，編修朱紘，檢討蔣驥、潘畿、蕭引高，并及至剛，汝玉、貫、紘、引高、得暘皆瘐死。十三年（一四一五）錦衣衛紀綱上囚籍，成祖見縉姓名曰：『縉猶在耶？』綱遂醉縉以酒，埋積雪中，立死，年四十七。籍其家，妻子宗族徙遼東。仁宗即位（一四二五），詔歸；正統元年（一四三六），詔還所籍家產。成化元年（一四六五），復縉官，贈朝議大夫，謚文毅。

餘王景王達等，殆徒擁有總裁之名耳。王景（註一五）字景彰，松陽人。洪武初爲懷遠教諭，以博學應詔，命作朝享樂章，定藩王朝覲儀，歷陞知州，擢山西布政司右參政。坐事謫雲南，建文中召入翰林，尋除禮部侍郎兼翰林侍講。成祖卽位，擢學士，及修太祖實錄，永樂大典，充總裁，書成，賞賚優渥。永樂六年（一四〇八）七月十三日卒，年七十三。王達（註一六）字達善，無錫人。初以明經授邑庠訓導，入補國子助教。成祖卽位，姚廣孝薦之，擢編修，侍皇太子於東宮，尋進侍讀學士。時修永樂大典，爲總裁官，後攖疾卒，年六十五。胡儼（註一七）字若思，南昌人。洪武中以舉人授華亭教諭。建文元年（一三九九）薦授桐城知縣。四年（一四〇二）副都御史練子寧薦於朝曰：『儼學足達天人，智足資帷幄。』比召至，燕師已渡江。成祖卽位，授翰林檢討，與解縉等俱直文淵閣，遷侍講，進左庶子。永樂二年（一四〇四）九月拜國子監祭酒。七年（一四〇九）帝幸北京，召儼赴行在，明年北征，命以祭酒兼侍講，掌翰林院事，輔皇太孫留守北京。十九年（一四二一）改北京國子監祭酒。當是時海內混一，垂五十年，成祖稽古右文，公卿大夫多文學士，儼館閣宿儒，朝廷大著作多出其手。重修太祖實錄，永樂大典，天下圖誌，皆充總裁官。洪熙改元（一四二五）以疾乞休，仁宗賜敕獎勞，進太子賓客，仍兼祭酒致仕。宣宗卽位（一四二六），以禮部侍郎召，辭歸，家居二十年，方岳重臣，咸待以師禮。正統八年

（一四四三）八月二十七日卒，年八十三。楊溥(註一八)字弘濟，石首人。建文二年（一四〇〇）進士，授編修。永樂初侍皇太子爲洗馬；及修大典，充總裁。後以事繫獄，在獄中讀書不輟，繫十年，讀經史子集數周。仁宗卽位釋出，擢翰林學士；明年建弘文閣於思善門左，命溥掌閣事。尋進太常卿，兼職如故。宣宗卽位，弘文閣罷，召溥入內閣與楊士奇楊榮等共典機務。宣德九年（一四三四），遷禮部尙書。英宗初立（一四三六）與士奇榮共扶政，正統三年（一四三八），宣宗實錄成，進少保武英殿大學士，時與士奇榮共稱「三楊」。溥質直廉靜，無城府，性恭謹有雅操，正統十一年（一四四六）七月卒，年七十五。贈太師，謚文定。

至爲余所新考得之李至剛鄒濟林環等三人，明史本傳無一字提及參與大典事（林環且無傳），茲就時人文集鈎稽之，則得三人之左列史料焉。

李至剛——楊士奇中順大夫興化府知府李公墓表云(註一九)『……〔李公〕諱銅字至剛，號敬齋，以字行，〔華亭人〕……洪武戊辰（二十一年）舉明經，奉命侍懿文太子。……坐累謫戍邊，無幾召還，爲工部郎中，尋遷河南布政司右參議。……〔建文中〕調湖廣布政司左參議。太宗文皇帝入正大統，公來朝，大臣有言其才，且洪武舊人，遂以爲通政司右通政。方修洪武實錄，公與焉。……永樂二年春，册立皇太子，命公以尚書兼左春坊大學士，東宮開經筵，公與右春坊大學士解縉最先進講。及修永樂大典，四方文儒皆集，仍以公董之。……』按既曰「董之」，當係總攬館事耳，非總裁而何？至剛後坐解縉事下獄，仁宗即位，釋出，復以爲通政；數月，又念其老，不任朝參，改知興化府，再歲歿於官，宣德丁未（二年，一四二七）七月四日也，享年七十。

鄒濟——楊士奇故中順大夫詹事府少詹事鄒公墓誌銘云（註二〇）：『永樂二十二年（一四二四）三月初六日，詹事府少詹事鄒公卒於官。公之先自檇李徙錢塘，……公諱濟，字汝舟，……餘杭令聘佐教縣學，遂奉母徙家焉。……秩滿，陞中都國子學錄，又陞國子助教，一時國學之爲師者皆樂與交，爲弟子者皆樂就其幕下。……用翰林修撰李貫舉，修實錄，官事撫要，井井有章。書成，賜紗衣一襲，幣表裏各四，白金五十兩，陞禮部儀制郎中，階奉議大夫，進奉政大夫。時朝廷祭祀，册拜，慶賚及儀物制度，徵舊章，參古典，蓋部事一資於公。詔修永樂大典，以五人總裁，而公與焉。安南拒命，遣大將軍率師征之，擇朝廷有文學者往司奏記，公承命以行，……還，陞廣東布政司右參政。……坐累左遷吏部郎中數月，擢左春坊左庶子，任輔導之職。……滿秩，陞詹事府少詹事，階中順大夫。……所居號頤菴，客至必具酒相與傾洽，遇朋徒之會，山水之遊，輒欣然從之。……春秋六十有八而卒。……』

林環——林環綱齋集歐陽熙序云（註二二）『……林氏文物尤爲閩冠，其挺拔而顯異者，崇璧先生永樂丙戌（四年）廷試第一人。……崇璧先生別號綱齋，自修撰陞侍講，未及十年而卒。然以文行老成，受知於我太宗文皇帝，修永樂大典，則拔爲總裁，遇賓興取士則兩典文衡。……』按崇璧爲林環字，別號綱齋，莆田人。參與大典事，林氏集中亦數道及之：如送翁教授序云『余時適總裁其事』；送陳德剛還莆田序云『且余總裁其事』（詳後節引。）據此，可知林氏之曾充總裁官，確爲不虛也。永樂十三年（一四一五），環扈從巡幸，卒於北京，年四十。

副總裁中，實錄所載十九人，鄒緝尹昌隆明史雖有傳，俱未著與修大典事；王褒王洪王偁則附於林鴻傳之後，語言不詳；其餘俱無傳。李貫，據翰林記云：『江西吉水人，庚辰（建文二年）進士第三。』但檢諸江西通志及吉水縣志俱不載。楊覯潘畿事蹟無考。茲參諸他籍，將鄒緝以下十六人爲之分述於左，藉補明史之闕焉。

鄒緝（註二二）字仲熙，吉水人。洪武中舉明經，授星子教諭；建文時，入爲國子助教。成祖卽位，擢翰林侍講，修永樂大典，爲副總裁；及立東宮，兼左允，屢署國子監事。永樂十九年（一四二一）三殿災，詔求直言，緝上疏陳積弊，書奏不省；時言者多斥時政，成祖不懌，下詔嚴禁之，犯者不赦，侍讀李時勉等俱下獄，惟緝與主事高公望得無罪。是年冬，緝進右庶子，兼侍講。明年九月，卒於官。

王褒（註二三）字中美，侯官人。洪武間以國子生領應天鄉薦，授瑞州教授，爲長沙學官，遷永豐知縣。永樂中朝京師，與修太祖實錄，書成，擢修撰；又修大典，爲副總裁，改漢府紀善。時海內無事，每遇禎祥或令節，輒命從臣賦詩，褒應制多稱旨。好汲引士類，同郡陳仲完、高廷禮、王恭等皆因褒以進。褒爲林鴻侄堦，工詩文，與鴻等稱閩中十才子。

吳溥（註二四）字德潤，號古崖，崇仁人。洪武二十三年（一三九〇）領江西鄉薦，二十八年（一三九五）入京師，以試期不及，遂入充太學生。嘗奉詔宣諭武臣，使雲南，又閱士伍，使福建，皆以廉直稱。建文二年（一四〇〇）會試禮部，擢第一，廷試第四，賜進士出身，授翰林院編修。永樂初，與修太祖實錄，有白金文綺之賜。旣又纂修永樂大典，充副總裁。六年（一四〇八）用祭酒胡儼薦，陞國子司業。洪熙改元（一四二五），進階承德郎。宣德元年（一四二六）九月三日卒，年六十四。

曾棨（註二五）字子啓，永豐人。永樂元年（一四〇三）中江西鄉試，明年禮部會試中選者四百七十人，棨名在第八，廷試遂中第一，賜進士及第。成祖奇其才，親批所對策，褒美之，授翰林修撰承務郎。未幾，選進士二十八人俾進學文淵閣，棨爲之首。帝嘗召問典故，屢舉羣書隱僻事，以驗所學，棨靡不奏對如響，以是深見奬重。及修永樂大典，命爲副總裁，授儒林郎。五年（一四〇七）陞侍講，授承直郎。後陞侍讀學士。洪熙初，侍宣宗監國南京，陞右春坊大學士，仍兼侍讀學士，授奉議大夫。宣德改元（一四二六），與修兩朝實錄，書成，進詹事府少詹事。日直文淵閣。七年（一四三二）正月二十一日卒，年六十一。

朱紘（註二六）字文冕，南豐人。初名塔，字梯雲，登建文二年（一四〇〇）進士。成祖時改名紘，授吏科，改翰林院編修，與修永樂大典爲副總裁。紘少聰敏，博稽子史，居家孝友，爲人端謹有度，里中重之。所著有仕優稿。

王洪（註二七）字希範，錢塘人。年十八，舉洪武三十年（一三九七）進士第；初授行人，尋擢吏科給事中。成祖時以薦入翰林，由檢討歷官修撰侍講，爲永樂大典副總裁。帝頒佛曲於塞外，命洪爲文，逡巡不應詔，爲同列所排，不復進用。及修國史，會大臣欲載其家瑞異入日曆中，洪持不可，至聞於帝前，坐謫禮部主事。永樂十九年（一四二一）卒，年四十二。

蔣驥（註二八）字良夫，錢塘人。弱冠領浙江鄉薦，登建文二年（註二九）進士第，授行人。永樂初，用薦與修太祖實錄，既成，賜白金彩幣襲衣，陞翰林檢討，及修永樂大典，承命爲副總裁。凡所折衷取舍皆適當，勤於其職，早夜不懈。後坐解縉事逮獄，繫十餘年，洪熙改元得釋，陞左春坊左司直郎事。宣宗即位，陞翰林侍講，與修成祖仁宗實錄，書成，進翰林侍講學士，尋拜禮部郎中，蒞事未兼旬，遽以疾卒，享年四十三，時宣德五年（一四三〇）七月二十八日也。

王偁（註三〇）字孟揚（一作孟敭），永福人。少孤，從父友吳海學，於書無所不通。洪武二十三年（一三九〇）領鄉薦，乞歸養母，母卒，廬墓六年。成祖即位，徵至京師，授國史院檢討，充永樂大典副總裁。學博才雄，最爲解縉所重，爲閩中十才子之一。其自述誄（虛舟集卷五）云：『永樂初元，以推轂者至京師待命黃閣，因自陳願處學校，勵人才，不允；授從事郎，吏官翰林檢討，進講經筵，以文字供職。時錢塘王洪擅詞垣，與同官一見，過相推重。敕修大典，萃內外儒臣及四方韋布士毋慮數千人，濫竽總裁之列。』解縉序其集云：『永樂初，敕修金匱石室之書，繼是復有大典之命，內外儒臣及四方韋布士集闕下者數千人，求其博洽幽明，洞貫今古，學博而思深，如吾太史三山王君孟揚者，不一二見。』偁後從英國公張輔討平交阯，交阯叛，謫交州。又坐與解縉善，逮下獄，永樂十三年（一四一五）庾死獄中，年四十三。

蘇伯厚（註三一）名埣，以字行，建安人。博通經史，精書法。洪武初，以薦至京，授建寧訓導，累擢翰林院侍書。成祖即位，預修永樂大典，爲副總裁，卒於官。著有履素集。

張伯穎（註三二）名嗣祖，伯穎其字，吉水人。洪武十七年（一三八四）領江西鄉薦，明年會試禮部得乙榜，授廣東陽山教諭。無何以外艱去官，服除調蕪湖。永樂初，以近臣薦擢翰林五經博士，與修太祖實錄，書成遷檢討。未幾，修永樂大典，充副總裁，秩滿陞修撰。時車駕幸北京，伯穎留署南京翰林院事。嘗考應天府鄉試，去取公明，士論服之。永樂二十一年（一四二三）十二月一日卒於官，年七十三。

梁用行（註三三）名時，以字行，始家吳江，遷長洲。博學工文章，以氣格爲主，不事纖麗，亦善筆札。洪武中，用薦授岷府紀善，遷翰林典籍。修永樂大典，充副總裁。有噫餘集。

楊相（註三四）字之宜，泰和人。幼端靜，父思貽教之，年十五以易經舉省試，明年會試中乙榜，當教授官。思貽奏：臣之子年與學皆未可爲人師，幸俾臣以歸教之，庶他日不辱任使。從之。永樂二年（一四〇四），相登會試第一，廷試二甲第一，選爲庶吉士，與曾棨等二十八人讀書禁中，賜第給膳。未幾，修永樂大典，爲副總裁。十年（一四一二）授刑部主事，勤職不怠。爲人篤於孝友，所著有易義幷文集藏於家。

尹昌隆（註三五）字彥琝（一作彥謙），號訥菴，泰和人。洪武十八年（一三八五）進士，授翰林修撰，改監察御史。建文即位，早朝晏，昌隆進諫，嘉納之。未幾，以地震上言謫福寧知縣。及燕兵南下，又上言：『今事勢日去，而北來章奏每以周全輔成王爲言，不若罷兵息戰，許其入朝，彼既欲申大義於天下，不應便相違戾。設若有差，便當讓位，不失守藩。若沉吟不斷，禍至無日，進退失據，雖欲求爲丹徒布衣不可得矣。』成祖入京師，昌隆名在奸臣中，驅出就戮，昌隆大呼曰：『臣曾上書勸讓位，奏牘尙在，可覆按也。』於是檢奏有之，遂貸死。亡何，以爲北平按察知事，行戶部主事。時皇儲未立，武臣有言漢王有扈從功者，成祖驛召昌隆首詢之，昌隆對曰：『長嫡承統，萬世常經。』遂定仁宗爲皇太子，進昌隆左春坊左中允。及解縉之黜，同日改昌隆禮部主事。時尚書呂震喜諂，忌昌隆，誣昌隆陰欲樹結，逮下獄，尋遇赦復官。後數年，谷王謀反事發，以王前嘗奏昌隆爲長史，坐以同謀，遂論死，沒其家。

高得暘（註三六）字孟升，號節菴，錢塘人，遷居臨安。洪武中以文學薦，爲教官。永樂初，召爲宗人府經歷，纂修大典，爲副總裁，進講春宮。四庫提要云：『鄒濟墓誌稱得暘與修永樂大典，分掌三禮，編摩有方，今核所纂三禮諸條，於前人經說，去取尙爲精審，蓋亦博識之士』也。得暘博學洽聞，詩文純雅，名重一時。姚廣孝嘗稱其詩：『韶濩迭奏，綺組雜陳，江漢奔流，曲折千里，而不可遏，洵爲一代之奇作』云。

葉砥（註三七）字周道，更字履道，上虞人。洪武三年（一三七〇）進士，授定襄縣丞。八年（一三七五），坐累謫涼州。建文二年（一四〇〇）求賢，以臨江知府劉鵬薦，遂起爲翰林編修；又有言其堪任風憲者，復陞廣西按察僉事。永樂初，以史事被逮，籍其家，惟薄田、敝廬，故書數篋而已。事白，還之，仍命與史事。書成，改考功郎。會修永樂大典，徵天下名儒，命砥爲副總裁，稽經考史，無不愜當。後拜饒州知府，永樂十九年（一四二一）八月二十一日卒於郡廨，享年八十。

晏璧（註三八）字彥文，廬陵人。博學善古文辭，洪武時辟爲武昌訓導，與同郡顏伯瑋友善，伯瑋以建文元年授沛縣知縣，及燕兵攻沛，伯瑋以身殉；時璧官於徐，聞之，爲伯瑋傳其事。永樂間，與修大典爲副總裁，累遷至山東按察僉事。

至爲余所新考得之趙友同、王進、蔣用文、徐旭、劉均、余夔等六人，明史亦俱無傳，茲依前例，將所獲各人史料排比於後：

趙友同——楊士奇御醫趙彥如墓誌銘：東里文集卷十八頁一『太醫院御醫趙友同，字彥如，（長洲人）。大臣嘗言其文學於上，時方修永樂大典，卽用爲副總裁，後修五經四書及性理大全書，又用爲纂修，書成，皆被寵賜。於是知彥如者皆爲之喜，且意其將有詞林翰苑之遷也，而彥如亦冀得一職於此，爲其親榮；未幾，以母喪去，又未幾，以病不起，嗚呼惜哉！……彥如卒於永樂十六年（一四一八）四月一日，春秋五十有五。』

王進——楊士奇故翰林侍講承直郎王君墓誌銘：（同上卷十八頁十八）『宣德二年（一四二七）三月二日，翰林侍講王進汝嘉卒。……〔進父〕中立，松江知府。知府三子：璡、洪武中吏部主事，汝玉、右春坊右贊善兼翰林編修，季汝嘉也。自幼喜學問，穎敏異羣兒。……嘗坐累謫五開，後舉明經爲武昌府學訓導，歷九年陞大庾縣學教諭。所至盡心啓廸，學者率見成效。初被召修永樂大典爲副總裁，又召修四書五經性理大全，書成皆受重賜，遂陞翰林五經博士，授廸功郎。秩滿陞侍講，授承直郎。……洪熙初建弘文閣，時翰林學士楊君溥偕汝嘉四人者，受命日直其中，禮遇甚厚。……汝嘉沒時，春秋七十有二。』按汝嘉原名璡，後更名進，長洲人。

蔣用文——梁潛靜學齋序：（泊菴集卷六頁七）『予在禁林七年，得交遊之士二人焉：烏江蔣君用文，姑蘇趙君友同也。二人者忠信慈厚，而皆跡於醫，皆爲上御醫。方纂修永樂大典，編古經方，二人者又總裁其事，遂得朝夕往還。久之，蔣君去侍青宮，予亦兼官春坊，進與蔣君接迹而並趣，退而與趙君有校讎講益之雅，相得益密。』按此雖未明言正副總裁，但徵之趙友同用文當亦如之。又鄭曉今言（第一百九）條云：『蔣用文初名武生，以字行，儀徵人。洪武中爲御醫，永樂八年陞院判，專侍文華殿。用文能視病制方，性謹愿恭恪，有義行，達世務，事東宮每効規益。卒之明年，仁宗贈太醫院使，謚恭靖，官其長子主善爲院判。』

徐旭——梁潛徐孟昭傳：（同上卷十二頁十二）『公諱旭，字孟昭，姓徐氏，饒之樂平人。……年三十一登洪武乙丑（十八年）科進士第，行浙江道監察御史，入爲禮科庶吉士，日記事，侍上左右。……一日，……奏對弗克稱旨，……命分教於涿州之房山，復教諭鳳陽，皆以憂去。服闋，擢安王府紀善，用薦者陞爲知州，上書論天下事，多不能合，……出爲考功員外郎。及今上（成祖）即位，遷郎中，預纂高皇帝實錄。明年，拜朝列大夫國子祭酒。又明年（永樂三年一四〇五）罷爲翰林修撰，……俾預修永樂大典，爲副總裁，方向用之而公卒矣，時年五十二。』

劉均——王直劉君宗平墓誌銘：（抑菴文後集卷三十一頁二十九）『永樂二年，余取進士入翰林，時初至京師，四方之士相與遊者蓋甚寡；惟翰林有學士解公，侍讀胡公，侍講楊公，直以世契得從容其間，而君亦自大寧教諭與修高廟實錄，陞翰林待詔，又自待詔陞檢討，一時同郡進者凡數人，皆篤於鄉誼，往來相善也。太宗皇帝徵天下名儒集館閣，修永樂大典，翰林之賢則命爲副總裁，而君在焉。予限以職業，不得。……其在翰林與纂述，早暮盡心考據精功，不取快一時。……君諱均，宗平其字，拙闇其號也。……吉水之金灘人。〔後坐累被謫，以宣德二年（一四二七）三月二十三日卒於天長旅邸，年五十七。〕』

余夔——王直侍講余公墓誌銘：同上卷三十三頁二十七『公諱夔，字一夔（一作名學夔，字一夔），泰和人。……永樂甲申（二年），以書經取進士第，太宗皇帝稽古右文，詔選進士優等者得二十八人，以爲翰林庶吉士，俾盡讀中秘書，學古文辭，公與焉。……及修永樂大典，天下名儒集館閣，以公爲副總裁。又命纂修五經、四書、性理大全，一時執筆者，亦以公爲能；乙未（永樂十三年）書成，陞翰林檢討。……甲辰（永樂二十二年），陞翰林侍講兼經筵官。……〔後以病辭歸，〕正統甲子（九年，一四四四）十一月初九日，以疾終。距其生洪武壬子（五年，一三七二）十一月三十日，享年七十三。〕』

由上所述，可知正副總裁雖職司總攬館事，然兼盡編纂校讎之責者，亦頗不乏人，陳濟、解縉、蔣驥、高得暘，其尤著也。楊士奇言正總裁五人，孫承澤言副總裁二十五人，蓋當初定制如斯，今正總裁得九人，副總裁適如其數，其增多之四人，殆纂修期間或因死亡出缺，陸續遞補歟。

三 編纂諸人考

依孫承澤所言，『纂修三百四十七人，催纂五人，編寫三百三十二人，看詳五十七人』此皆職司編纂者也。實錄無一字記載，數字且不詳，遑論名字爵里？今考諸明初諸家文集及各省縣志，約得百三十五人，雖不及原數五之一，亦簿錄家所不廢也。茲以姓氏筆畫多少爲序，仍依前例，將所獲史料，排比於後，存其眞也。

王敬先——王直王敬先墓誌銘：抑菴文後集卷二十九頁四十五『今上（成祖）改元之三年，詔修永樂大典，徵天下學官及嘗考貢士者，皆使執筆焉。敬先爲彬州宜章縣學訓導，嘗考試於廣西，由是預徵入館閣。來者蓋累百人，然如敬先者不多也。……敬先朝入坐館中，編摩讎校，其所去取，皆當乎人心，同列敬服之。……書畢，受賞而歸。』

王玠——劉球故貴州宣慰司儒學訓導王公墓誌銘：兩谿文集卷二十三頁三文津閣四庫本『有博聞君子，姓王諱玠，字子瑀，號山暉，（安福人。）……永樂改元，大集名儒於文淵閣，纂修大典，公以翰林解學士縉薦，預其列分校後晉五代史總裁姚少師廣孝，每稱道其從事勤敏，蒙讌賚爲多……以蹟，授貴州儒學司訓。』

王恭——林環皆山樵者詩集序：綱齋集卷三頁十二『余家居時，聞吾閩之長樂有王先生恭者，以詩鳴。先生時遁於樵，自號爲皆山樵者，不欲與世接……永樂四年，朝廷方開石渠，廣延天下士，先生以薦至，相見於玉堂之署，觀其神清體癯，鬚鬢如雪，葛巾野服，脩脩然如孤鶴振鷺，知爲風塵表物，得造化清氣蓋多也……無何，果以詩名徹宸聽，得拜翰林典籍。』又明史林鴻傳：卷二百八十六『王恭字安中，隱居七巖山，自號皆山樵者。永樂初，以儒薦，起待詔翰林，年六十餘。與修大典，書成，授翰林院典籍。』

王道立——林環送王教諭之教香河：同上卷六頁十六『永嘉王道立本修，始歌鹿鳴於鄉，而來會試於禮部，不售，入胄監爲上舍生。時朝廷方修石渠故事，鴻生碩儒，咸際盛會，本修以選入與其事，出入秘閣者凡三年，得遍閱未見之書，以充拓其所聞，而本修之學日益大進矣。』

王琦——林環陳儒人墓誌銘：同上卷十頁三十『沙堤王母陳氏孺人，以建文壬午(註三九)十二月二十六日卒，又五年，其子琦以莆郡進士應善選，赴秘閣與修永樂大典。』

王淪——孫奇逢王侍郎公淪傳：中州人物考卷四頁八文津閣四庫本『淪字子清（太康人）左使鈍之子也。弱冠舉進士，文皇以其少，遣歸卒業。久之，起授翰林庶吉士，入文淵閣纂修永樂大典。是年秋，以外艱歸。』

王信功——陳道潛戶部主事王君墓誌銘：淇園編卷下頁二十六民國二十年涵江書局重印本『宣德四年二月二十八日，戶部主事王君成之卒於京。……君諱信功，字成之，行一。……永樂癸未登賢書，隨丁母憂，至丙戌登進士第，時修大典，選授翰林庶吉士，與石渠校讎之任。書成，請葬父母；回朝，授今職。』

王汝玉——明史鄒濟傳附：卷一百五十二『王汝玉名璲，以字行，長洲人。穎敏强記，少從楊維楨學。年十七，舉於鄉。永樂初，由應天府學訓導擢翰林五經博士，歷遷右春坊右贊善，預修永樂大典。』

王士謙——光緒安徽通志人物志宦蹟吳原頤傳：卷一百八十八頁十三『同邑（宣城）王士謙，亦以司訓辟召修大典。』（參閱後吳原頤名下）

王彥文——嘉慶松江府志古今人傳：卷五十一頁二十四『王彥文號益齋，爲府學訓導，陞嘉興知縣。舉修永樂大典，領詩經副總裁。所著有詩傳旁通行世。』

王仲壽——雍正江西通志人物志：卷八十九頁十二『王仲壽字亮中，樂平人。永樂進士，以翰林庶吉士，預修永樂大典。除山西道御史，陞河南右參議，改湖廣。冰蘖著聲，寮寀屈服，朝論欲大用之，竟以年老引還。』

王時習——雍正江西通志人物志：卷九十三頁八『王時習字勉學，南康人。永樂鄉舉入太學，修大典。壬辰登進士，擢御史巡按河南，振肅風紀，撫恤廣東，發倉賑飢民。還朝，再命往督陝西諸營卒於官。』

方正——光緒廬州府志宦蹟志：卷三十三頁十七『方正，合肥人。永樂初，徵修大典。入太學授工部主事。時建北都，督工規畫有條。由屯田郎擢江西參政，平峒賊，遷福建布政使。』

方定——雍正浙江通志文苑五：卷一百八十二頁七『方定字志安，淳安人。博學善吟詠，洪武間領京闈鄉薦，分教東平州，轉海州。預修永樂大典，遷長泰縣學教諭。所至造就有方，著止軒集行於世。』

石彥誠——雍正江西通志人物志：卷六十八頁八『石彥誠字誠之，寧縣人。洪武進士，授武義縣丞，下車召父老立廳事再拜請相助爲理，或以爲過，彥誠曰：吾誠心必能動人。府檄所部供億，武義數獨多，彥誠詣府力爭，竟減三之一。召修永樂大典，父老送之皆垂涕。書成，遷知徐聞縣。』

包衍——同治進賢縣志高士志：卷十九頁三十五『包衍字彥孝，希曾孫也。學得家授，著書立言。永樂中與修大典，尋以老疾辭，賜歸，授徒養高，從遊者甚衆。其文有土苴集。』

田伯邑——楊榮薊門別意圖序：楊文敏公集卷十二頁二十『予友田伯邑，……世家鳳陽。……洪武初，其祖秀實來爲福建行都司斷事，遂家建寧。伯邑其諸孫也。幼而聰穎，長而敦厚。……永樂甲申登進士第，選入翰林讀書，爲庶吉士。方是時，詔修永樂大典，伯邑得與纂修，出入內廷，小心愼密，克專克勤。書成，特拜繒楮之賜。』

江至堅——楊榮送浙江按察副使江至堅赴任序：同上卷十四頁二十四『予友江至堅，少同里閈（建安，）既遊郡庠，篤志好學，不事表襮，同列罕及焉。既而予以科目忝官詞林，至堅亦登永樂甲申進士第，與修永樂大典，書成，拜監察御史。其涖職也，小心恭謹，務爲忠厚，不事苛刻。』

江奚修——梁潛送江大尹詩序：泊菴集卷六頁二十三『江君奚修，都昌人。……洪武中以薦至京師，奉命按事閩越，有能聲。然奚修不事表暴，欲晦迹一時，乃自混於醫，以能醫選爲太醫局官，同預修永樂大典，出入秘閣者幾一歲。奚修精練而博達，又勤愼小心，故凡與處者，莫不知其賢也。』

朱思全——梁潛題松齋處士潛德卷後：泊菴集卷十六頁九『余昔假令陽江，適金華朱君思全爲丞於廣之新會縣。……及余至京師，又三年，思全亦來同預修永樂大典，出入秘閣相往還。』

何澄——乾隆建昌府志人物志：卷四十八頁七『何澄字源湑，號舸齋，新城人。洪武癸酉舉人，教諭福寧，立教約十二條，學者興起，陞海康丞。……母喪，服除赴闕，修永樂大典，居七年，乞假遷母墓。』

沈升——王直太僕寺少卿沈公墓表：抑菴文後集卷二十七頁二十二『永樂二年，太宗皇帝復以科舉取士，天下之會試於禮部者凡數千，拔其尤者得四百七十人。海寧沈公志行（名升，志行其字）初以易經中浙江鄉試第二，至是會試在十七，及奉大對，占第二甲前列，名動京師。既而有旨又拔其尤者二十八人入翰林積學爲文務追古作者，而沈公與焉。……沈公之作，諸公莫不以爲賢。會朝廷有大著述，包羅古今，撰敘萬類，以爲永樂大典；又命取前後聖哲及名公鉅儒之微言奥論足以發明斯道者，以爲四書五經性理大全諸書；時公皆在其中，最號能事，名益顯於天下。』

李昌祺——錢幹河南左布政使李公墓碑銘：徐紘明名臣琬琰錄卷二十四頁十五文津閣四庫本『李公昌祺，……以明經取進士第，簡入翰林爲庶吉士，……會修永樂大典，禮部奉詔選中外文學之士以備纂修，公選中列。凡經傳子史下及稗官小說，悉在收錄，與同事者僻書疑事，有所未通，質之於公，多以實歸。推其該博，精力倍人，辰入酉出，編摩不少懈。……書進，被宴賚，擢爲禮部主客司郎中。』又明史本傳：卷一百六十一『李昌祺名禎，以字行，廬陵人。永樂二年進士，選庶吉士，預修永樂大典，僻書疑事人多就質，擢禮部郎中。』

李孟昭——楊士奇送李孟謙訓導序：東里文續集卷七頁十六『廬陵李草堂先生之季子孟謙訓導分宜縣學，官滿，調安慶府學。……近見先生冢子石埭教諭孟昭，被召纂修永樂大典，與余同在翰林。孟昭端厚溫雅，文行表然。』

李時勉——彭琉朝列大夫國子祭酒兼翰林學士李時勉行狀：李時勉古廉集卷十二頁四後文津閣四庫本『先生諱懋，字時勉，號古廉，姓李氏（以字行，安福人）……永樂癸未中江西鄉試，明年甲申中會試，賜同進士出身。時太宗皇帝御天下，慨然作新人材，興起斯文，於進士中簡明秀通敏者二十八人，改翰林庶吉士，俾就文淵閣讀書（先生與焉）……先生益自淬礪磨濯，造詣精深，同列亦多推讓之。明年預修永樂大典。』

宋子環——楊士奇越府右長史宋君合葬墓誌銘：東里文續集卷三十四頁二十三『宋之先自廣平徙江西之新淦，又自新淦徙吉水……又徙廬陵。……子環字文瑩，自幼醇厚秀穎，喜學問，從明經師，日勤不懈，舉中永樂三年第二甲進士，爲翰林庶吉士，與修永樂大典；書成，被賜賚，擢吏部驗封主事，授承直郎。』

宋琰——李賢通議大夫兵部右侍郎宋公墓表：古穰集卷十五頁六文津閣四庫本『公諱琰，字廷珪，揣菴其別號也，（奉化人）。……永樂乙未乃登進士第，選爲翰林庶吉士，預修性理大全書。未幾，仁宗皇帝以太子監國南京，選公隨侍；既而太宗皇帝知公之才，復召還北京。（曾）預修永樂大典，書成，賜白金文綺，授中書舍人，莅事翰林。』

吳子恭——楊士奇送吳子恭先生致仕詩序：東里文集卷六頁十一『安成吳子恭先生，……明經守道，……被召纂修永樂大典於中禁，一時四方老師宿儒多在。而通博明正，率推子恭先生。』

吳宗直——林環送吳郎中奔母喪還鄉序：絅齋集卷五頁二十三『余丙戌春領鄉薦來京師，時某處吳公宗直適贊治春官，余始至以諸生禮謁，覩公風采凝峻，禮度甚偉，深切景仰。既而余忝進士及第，授官翰林，日趨事文淵閣下，時皇上方留意經籍，欲網羅羣書選成大典，悉召耆英碩彥，俾贊厥猷。公遂以學行之粹，爲掞路之臣論薦以入。』

吳寧——楊士奇吳教諭墓誌銘：東里文續集卷三十六頁二十『永樂十三年，梓潼縣學教諭泰和吳寧存淵丁母憂歸，明年二月三日以疾卒於家。……存淵爲人淳質和易，……洪武癸酉中江西鄉試第六名，……丁丑除保寧府梓潼縣學教諭，……又奉府檄攝廣源縣學，教諸生如梓潼。永樂丙戌，召修永樂大典，書成賜楮幣還職。蓋卒時年五十有九。』

吳原頤——光緒安徽通志人物志宦蹟志：卷一百八十八頁十三『吳原頤字師程，宣城人。洪武庚戌以明經辟司訓，遷國子博士。壬午典江西鄉試。永樂間預修大典。子襄爲鄱陽令，有聲。同邑王士謙亦以司訓辟召修大典。』

呂升常——楊榮送福建按察僉事呂公考滿復任詩序：楊文敏公集卷十四頁十八『會稽呂公升常，始由溧陽學官用薦擢江西按察僉事，聲譽赫然。其後以文學召與修大典；書成，調官山西。凡二年，復調閩中。』

邵暐——楊士奇國子助教邵先生墓誌銘：東里文續集卷三十七頁二『北京國子助教邵先生卒，其子壇均介吾友翰林檢討許子謨先生求爲墓誌銘。余數過監學重先生淳厚端雅，蓋良師範也。……邵世家福州之懷安。……先生諱暐字時晦，……永樂丙戌登進士第，爲翰林庶吉士，預修永樂大典，勤於職務，同輩服其能。』

林圭——道光福建通志文苑志：卷五十一頁二十五『林圭字坒玉，莆田人。洪武初，舉明經，爲寧國教諭。永樂間嘗應召修大典，以老致仕。圭治經有師法，工古文詞，達官至莆者，必禮其廬。卒年九十四。』

林鴻——明外史本傳：（註四〇）『鴻年六十餘，與修大典；書成，授翰林院典籍。』又明史本傳：卷二百八十六『林鴻字子羽，福清人。洪武初以人才薦，授將樂縣訓導，歷禮部精膳司員外郎。性脫落不善仕，年未四十，自勉歸。閩中善詩者稱十才子，鴻爲之冠。十才子者：閩鄭定、侯官王褒、唐泰、長樂高棅、王恭、陳亮、永福王偁及鴻弟子周元、黃元，時人目爲二元者也。』

周召——王直周公明傳：抑菴文後集卷三十四頁十五『先生周氏諱召字公明，……吉水之泥田〔人〕。……先生邃於春秋，所著有春秋望洋、策學舉要及詩文若干卷，藏於家。太宗皇帝時，纂修永樂大典，徵天下名儒，先生前後居館閣者凡六年；其所撰述少有能及者。』

周宗武——梁潛贈周主事考滿序：（泊菴集卷五頁六十四）『錢塘周宗武，始以進士選為翰林庶吉士，時修永樂大典，天下文學之士抱藝效能奮其志以精於事者蓋雲集於秘書；凡博聞多識之士，與某交之厚者，皆稱其能。』

周忱——王直周文襄公祠堂記：（抑菴文後集卷五頁三十三）『公周氏，諱忱，字恂如，（廬陵人。）……永樂甲申取進士，太宗皇帝命拔其尤者入翰林，俾進學；公願與其間，上嘉重之，許焉。公日夜奮勵不少懈，……時方修永樂大典，一時名儒皆集館閣，亦多讓公為能。書成，授刑部主事。』

周述——黃虞稷千頃堂書目（卷十八集部頁十一適園叢書本）周述周孟簡周氏兄弟集二卷：『述字崇述，吉水人。永樂甲申，與弟孟簡同及第。初孟簡第二，述第三，傳臚時，上曰：「弟不可以先兄」，遂先述。同授翰林院編修，預修永樂大典。述累官左庶子，孟簡襄府長史。』

周孟簡——王直長史周君墓誌銘：（抑菴文集卷九頁二十三）『太宗皇帝改元之初，詔天下設科取士，明年二月親策試於廷，其第一人得永豐曾棨，其次則吉水周述、周孟簡從兄弟也。……及時孟簡亦拜翰林編修，又與二十八人同讀書禁中……旣而與修永樂大典，屢承賜賚。』

周溪園——林環送周時立還吉水序：絅齋集卷七頁二十七『永樂乙酉秋，閩藩合多士羣試於有司，時江右之吉水周溪園先生實司文衡，余齒俊造之末，不揆駑庸，見知伯樂，明年春余中禮闈，奉對大廷，拜官翰林；方數月，先生以纂修大典應召來京師，與余偕事於文淵閣，朝濡夕染，蒙先生嘉惠多矣。』

周翰——楊士奇故翰林檢討周君墓誌銘：東里文集卷十九頁十九『周鄞世儒家，……維翰諱翰，自少聰明，先學少益該博，能文章。永樂三年中浙江鄉試，明年會試禮部中副榜，……就廷覆試，擢翰居首，遂奉命進翰林，預修永樂大典。七年除翰林典籍，授廸功佐郎。』

周啓——乾隆吉安府志人物庶官志：卷四十八頁十『周啓吉水人。嘗應召，修永樂大典。』

周璞——光緒廬州府志人物宦蹟志：三十三頁三十四『周璞巢縣人國子生同知全州，政暇讀書不輟。永樂中薦入中秘，預修大典書成，授吏科給事中。糾劾不避權勢，朝有諫垣得人之慶。』

周麟——雍正山西通志文苑志：卷一百三十六頁三十『周麟臨汾人，永樂乙酉解元，幼嗜學，博通經子，入監送秘閣。纂修永樂大典。授淸豐教諭，造士有方，陞肅府教授，輔成王德與方伯后執中論理學，有河汾益友之稱。一時縉紳出其門者甚衆，有詩文遺稿。』

金實——楊榮奉議大夫衞府左長史金君用誠墓表：楊文敏公集卷二十頁八『衞府左長史三衢金君，以正統己未夏五月二十日卒於官。……君諱實，字用誠，浙之三衢開化人。……自幼穎悟，書過目成誦，始從叔祖戶科給事中玉衡學，即知屛去浮靡，專意經傳。……壬午，太宗皇帝入正大統，詣闕獻書，以君德民政爲之綱，……太宗嘉納其言，復親策之，對稱上旨，命入翰林，與修太祖皇帝實錄，書成，賜以金幣。永樂紀元，擢翰林典籍，修永樂大典，未幾，特選爲東宮講官。』又楊士奇故奉議大夫衞府左長史金君墓誌銘：東里文續集卷三十六頁一『太宗文皇帝臨御之初，三衢諸生金實首上書陳王道，……皆嘉納之。復試策二道，條對稱旨，命於文淵閣，光祿日給食，與修太祖皇帝實錄，書奏，除翰林院典籍，授廸功佐郎，賜白金文綺。修永樂大典，陞修職佐郎。』

柯暹——黃虞稷千頃堂書目卷十八集部頁十三：柯暹東岡集十二卷『暹字啓暉，一字用晦，池州建德人。年十七領鄉薦，明年預修大典，尋選入翰林，知機宜文字，進玄兔詩，授戶科給事中，坐言事出知永新、吉水二縣，歷官雲南按察使。』

胡幾——乾隆吉安府志人物庶官志：卷四十二頁三十九『胡幾字啓先，安福人。永樂間，讀中秘書，預修大典。母老請終養，服闋，授御史，歷按廣右開平，俱著風聲。劾守將失機忤旨，逮獄除名歸。』

胡敏——光緒安徽通志文苑志：卷二百十八頁十二『胡敏字伯成，定遠人。洪武己卯舉人，永樂時與修大典，歷營繕司員外郎，以事謫盧龍。宣德初授鄞縣知縣，……後官至監察御史。』

胡嵉——嘉慶廣西通志列傳二：卷二百五十七頁四『胡嵉臨桂人，博學能文章。永樂丁亥，詔徵至京師，與修永樂大典；書成，將授館職，以老辭不拜，歸舊隱。所居林木翳薈，構一小樓，棲其上；當春夏之交，葱蒨撲人眉宇，因顏其樓曰環翠。』

俞允——嘉慶松江府志古今人傳：卷五十一頁十三『俞允字嘉言，華亭人，後改名永，力耕事父。登洪武二十七年進士，授行人，補楚府紀善，輔導有體。尋宰魯山，創明理學，士風翕然。永樂初，敕修大典，召授禮部主事，與胡儼劉季篪楊溥同在史局。』

俞益——王直知縣俞公墓表：抑菴文後集卷二十五頁三十『宣德十年十一月三十日，潛山知縣臨安俞公以疾卒於官，年六十。……公諱益字友謙，別號鈍菴，其先本河間人。……通春秋，遂取永樂甲申進士，選爲翰林庶吉士，與修永樂大典；書成，授靖安知縣』

姚治中——王直題姚治中墓碣銘：同上卷三十六頁三十二『永樂初，予在館閣，太宗文皇帝徵天下名儒修永樂大典，擇郡縣學有文藝之士皆命執筆其間，廷佐（治中字）與焉。』

段民——楊士奇故嘉議大夫刑部右侍郎段君墓誌銘：東里文續卷三十七頁九『宣德九年二月二十九日，刑部右侍郎段君卒於南京。……君諱民，字時舉，（毘陵人）。……登永樂甲申進士第，爲翰林庶吉士。時太宗皇帝命禮部翰林院，准天經之數，選曾棨等二十八人，就文淵閣盡出中秘書使進其業，旦暮給大官饌，又月給膏火之資，蓋期之於大用，而君與焉。君祗體上意，益勵弗懈，而文學大進。與修永樂大典，丁內艱去，服闋，除山東淸吏司主事，授承直郞。』

柴廣敬——劉球翰林柴廣敬傳：兩谿文集卷二十四頁十三『柴廣敬諱欽，會稽餘姚人。……永樂癸未捧賢書，明年上春官第進士，時太宗文皇帝初御極，拳拳於作興儒術文士，選進士中穎異之尤者二十八人，象天之列宿，使爲庶吉士翰林，欲其盡讀天下書，必如古聞人之能以文名當世。廣敬在列，益感激奮勵，務進其學，窮日夜而書不絕聲；累積之厚，故施諸文也質而華，汪洋而沉着，不蹈襲陳腐，而駸騃欲追古人轍跡。尤善爲賦，每出一篇，輒玩味人口。會朝廷纂修大典，徵天下遺書備採摭。廣敬進言：其師國學典簿趙撝謙訂聲音文字，通可收錄；遂奉命馳傳卽其家取之。既至京師與纂修職，分修禮樂音韻書。日進退館閣，勞心思於考索編著，縉紳皆閔其勤，蓋其平生刻苦淸勵，出於天性然也。卒以劬悴致疾歿，歿時年三十六，乃永樂丙戌七月十日也。』

范寧——康熙太平府志人物志：卷二十七頁三十三『范寧字仲寧，（當塗人）。以祖常恩入監，與修永樂大典，擢監察御史。丁憂服闋，除調山東道，陞鴻臚寺丞，尋轉尙寶司丞，謫布政司提控，未赴任，卒於京師。』

桂宗儒——楊榮送桂修撰還鄉詩序：楊文敏公集卷十三頁六『今天子卽位，下寬大之詔，布維新之治，恩澤所加，霈若霖雨。於是翰林修撰慈溪桂宗儒以老病自陳，遂得承命退休於家。蓋桂氏爲四明鉅族，簪纓詩禮，代弗乏賢。……宗儒……永樂初繇太學與修大典，書成，授湖廣蘄州同知。以事入朝，遂轉今官。』又浙江通志文苑志：卷一百八十頁六後『桂宗儒字文藪，以貢與修永樂大典，授蘄州同知，有善政，不能迎合監司，遂注下考。』

桂宗環——林環送桂宗環修永樂大典還慈溪：綱齋集卷二頁一『聖代闡文文，中天奎壁輝。石渠集多士，濟濟皆纓衣。羡子泮水彥，詞翰衆所推。秋風吹孤鷁，萬里凌空飛。遍□金匱藏，步武白玉墀。儒生一何幸，際此千載期。事成拜榮賚，陛辭遂言歸。方希題柱圖，豈爲彈鋏悲。去去勉勳業，遲子槐黃時。』

翁與學——林環送翁教授序：同上卷五頁五十一『寧波之慈溪翁先生與學，以教授南康滿秩來京師，時朝廷方纂修永樂大典，先生用薦入秘閣，與編摩之選。余時適總裁其事，與先生處者不啻三閱月。……大典告成，先生以前秩改授湖廣之德安。』

翁孟學——徐有貞送翁孟學序：武功集卷一頁十九文津閣四庫本『句曲翁君孟學，秀爽負奇氣，裒然材且良，蓋所謂豫章千里之匹也。永樂初，膺薦入文淵閣與纂修大典；書成，且有官矣，而爲不合者所擠，罷歸其鄉。』

孫子良——王直參政孫公神道碑：抑菴文後集卷二十四頁四十『公姓孫氏，字子良，其先大梁人，從宋南渡家杭州。……永樂初科進士，爲翰林庶吉士，與修永樂大典。一時館閣皆名儒，而公號能事。書成，詔擇能者四人拜郎中，公任武選。』

梁宗仁——王洪鶴溪書舍記：毅齋詩文集卷六頁三十三『毘陵爲京輔望郡，而山水佳者曰鶴溪，鶴溪之氏族盛而良者曰梁氏，其子弟敏而好問學者曰宗仁。……宗仁雖宦家子，脫去紈綺，習篤志問學。……會今聖天子以四方太平，垂意制度禮文之事，開中秘，召天下儒士修永樂大典；宗仁遂以儒薦入館閣。余時承乏禁林，竊好其爲文，締交焉。』

唐子彰——康熙江南通志人物志：卷四十八頁十九後『唐子彰名文奎，以字行，仲實子。善鍾王書法，徵至闕下，命待詔文淵閣，纂修永樂大典，每奏一篇，上輒曰「良史才。」四傳生狀元皐。』

唐耕——嘉慶廣西通志列傳一：卷二百五十六頁二十一『唐耕字廣耘，臨桂人，與黃驥、諸葛平並以才名。洪武丙子舉人，由訓導擢河源知縣，以廉能遷監察御史，晉國子司業，與修永樂大典，卒於官。』

高相——周忱鄉貢進士高君墓表：雙崖文集卷三頁四十七光緒四年重鐫本『君諱相，字景陽，其先爲光州固始人。五世祖定公因宦遊閩中，遂占籍於侯官縣。……永樂乙酉，（君）以春秋領福建鄉薦，明年上春官，登名太學，與天下士同修大典於中秘，翰林諸君子雅相奇重。方將期其顯用，而君遽以疾卒於旅寓，時丁亥（永樂五年）正月十六日也。』

曾與賢——楊士奇故翰林庶吉士曾君墓誌銘 東里文續集卷三十五頁二 『吾友曾君與賢自吾布衣時與之好，後同在翰林五年，往還意甚厚。……與賢自幼淳厚端謹，從學蕭尙仁先生父子之門，治書經，邑大夫簡充學弟子員，登永樂甲申進士第，爲翰林庶吉士，預修永樂大典，寅出酉歸，恭謹職務，時四方博聞宿學多在，咸重與賢，而期其遠且大也。書未進，以病卒於官，戊子歲（永樂六年）三月十五日也，享年四十有一。』又梁潛曾與賢字說：泊菴集卷十五頁五 『與賢名啓，與賢其字也。其名其字安在哉？蓋取啓賢能敬承之謂也。』

曾春齡——楊士奇曾春齡墓表：東里文續集卷三十二頁十五 『夫春齡世簪纓家，……（祖）九韶，國朝洪武初爲沔陽黃蓬湖泊官，生伯高，俱有學行。伯高二子，春齡其長也，次鶴齡。兄弟之學，皆得於家訓。……永樂乙酉，兄弟皆中江西鄉試，鶴齡幼，然前列。於時鄉人無兄弟同選者久矣，有之不出於同產，出於同產即不出於同科，遂以爲曾氏之祥。明年，鶴齡留侍養，春齡獨赴會試禮部，選前列，廷試賜進士出身，授翰林庶吉士。時方修永樂大典，春齡與所徵四方耆儒碩學任編纂之事，衆皆譽春齡學識爲優。是年八月以疾卒，……春秋裁三十有三。』

曾鶴齡——楊士奇故翰林侍講學士奉訓大夫曾君墓碑銘：東里文續集卷二十七頁二十一『曾君吉安泰和人，鶴齡其諱，延年其字，一字延之。以書經中江西永樂乙酉鄉試，辛丑（永樂十九年）會試禮部第二，廷試第一，賜進士及第，此其發身也。初除翰林修撰，授承務郎，宣德庚戌（五年）陞侍讀，授承直郎，正統戊午（三年）陞翰林侍講學士，授奉訓大夫，此其歷官也。初偕同官修天下郡志，未竟，遂預修永樂大典，洪熙實錄。又修宣德實錄。悉心纂述，事必究實，無虛譽，無曲貶。』

曾烜——朱彝尊明詩綜：卷十七頁三十原刻本『曾烜字日章，以字行，吳江人。洪武間以歲貢授黃陂知縣，考最，陞翰林院侍讀，同修永樂大典，使交阯，卒於富良江。』

張士銓——黃淮翰林庶吉士張士銓墓誌銘：介菴集卷八頁十四敬鄉樓叢書本『余執業於邑庠生，銓方垂髫爲童子，往來經其門，與之遇，作禮甚謹，見其豐神秀朗，目光照人，意其必能敏學，心甚愛之。弱冠選充郡庠生，果以聰慧聞。……永樂乙酉應鄉舉，占經魁，試禮闈，進對大廷，登名第二甲，賜進士出身，選入翰林充庶吉士，進文淵閣，預修太祖實錄，永樂大典。』按士銓名文選，永嘉人。

張宗璉——楊士奇常州府同知張重器墓碣銘：東里文集卷十七頁十五『宗璉字重器，吉水人。初舉兩鄉貢省中，遂登永樂二年進士第，爲翰林庶吉士，預修永樂大典。書奏，授刑部主事。』

張受——李賢進賢縣學教諭張先生墓表：古穰集卷十五頁二十一『先生諱受，字應祥，其先河南信陽人。曾祖某元末遊宦江西之饒州，祖友諒因移家廣信之上饒，遂土著焉。……先生……自幼穎悟，迥出等夷，時翰林王欽止師道尊嚴，先生往受學焉。大肆其力於經史子籍，乃入郡庠。未幾，以學成貢入成均，得友天下士子，聞見益廣，有聲縉紳間。永樂丁亥（五年）召入文淵閣，與修大典。明年秋闈，遂中高第。』

張洪——明外史本傳：『洪預修永樂大典，進行人司副。』又乾隆蘇州府志人物十五：卷六十一頁十九後『張洪字宗海，本姓侯氏，（常熟人。）……建文初，以通經薦爲靖江王府教授，病免。永樂初，徵爲行人，奉使日本。二年，修茶馬舊政於番界。四年，使遼東。其年秋，緬甸宣慰那羅亞殺孟養宣慰刁木旦而并其地，詔洪往諭。……凡六往始聽命。……復命，以薦召入文淵閣，修永樂大典，陞司副。』

張得中——黄虞稷千頃堂書目：卷十八集部頁十一張得中江村吟稿又思牧齋集：『得中字大本，鄞縣人。刑部主事，改江寧知縣，以廉能稱。嘗預修永樂大典。』

張叔豫——乾隆吉安府志人物庶官志：卷四十二頁三十九『張叔豫字順勤，永新人。鄉薦第一，永樂四年進士，選庶常，與修永樂大典。出判安慶，平權量，禁奸蠹，時進諸生講學，坐註誤，得直，命督工房山，遘疾卒。所著有忍菴稿。』

陳士啓——王直陳參政傳：抑菴文後集卷三十四頁五『公陳氏，諱雷，字士啓，一字震之，其先自金陵徙居泰和。……永樂初，詔設科取士，公曰「可矣」，遂以易經中高第，選入翰林，爲庶吉士，與修永樂大典，以精博得名。書成，擢爲祠祭郎中。』又楊士奇故中奉大夫山東布政使司右參政陳君墓碑銘：東里文續集卷二十七頁十七『士啓諱雷，既以字行，遂別字震之。……永樂元年興賢詔下，邑大夫舉士啓，遂選中江西鄉試，明年中會試禮部，廷試賜進士出身。……召入翰林爲庶吉士，修永樂大典，辨博明敏，同列推其老誠。翰林編修周述言於朝：「陳士啓才行有爲有守。」超擢禮部祠祭郎中，授奉議大夫。』

陳仲完——楊士奇陳仲完傳：東里文續集卷四十三頁三『陳仲完名完，以字行。陳故福州長樂儒家，……仲完自少勤學問，攻經術，……洪武甲子（十七年）應進士舉，時科舉罷十餘年始復，仲完及其從子湜、洵皆中鄉試，鄉人榮之。……永樂初詔百司舉賢材，翰林修撰王褒舉仲完學行，徵至，以爲翰林編修。明年詔簡東宮官，擢左春坊左贊善，仍兼編修。奉命修永樂大典，書成奉儲君命，授皇孫經啓廸尤多。』

陳廷傑——楊士奇陳廷傑墓表：東里文集卷十五頁十三『莆田陳廷傑，儒君子也。……賢其諱，廷傑其字，安順翁其晚年別字也。色莊而氣和，內仁而外方。……召修永樂大典，考閱讎校必究心。』又梁潛送陳教諭序：泊菴集卷六頁十九『皇上神聖文武超越百王，萬幾之暇，端穆無爲，乃留情稽古，召天下文學之臣，啓秘閣圖書，人文宏幹化機，躬示軌度，統貫萬類，成書三萬七千餘卷，命卜日以進。既進，覽之大喜，賜名永樂大典，所召四方士皆加賜遣還。湖口縣學官陳廷傑先生，今翰林侍講林君環所嘗從遊而受業者也。先生之去，林君求予文以贈。於乎！方國家文明之盛，制作之隆，如日月行天，如河海注地，草木爲之光華，山川爲之潤澤，蓋曠古所無之盛典也。而先生得從士大夫講論其至要，考索其精微，書成而列其名次，足以有光耀不沉晦矣，予何言爲先生贈哉！』

陳孟潔——楊士奇翰林庶吉士陳孟潔墓誌銘：東里文集卷十八頁十七『孟潔陳氏，諱廉，以字行，其先避五代之亂，繇金陵徙泰和。……永樂乙酉以國子生中應天府鄉試，明年中會試禮部，遂擢林環榜第二甲進士，授翰林庶吉士，與修永樂大典爲校正官。』

陳孟京——楊士奇陳孟京墓誌銘：東里文續集卷三十八頁五『孟京諱昌，姓陳氏，以字行。登永樂四年進士第，授翰林庶吉士七年五月二十三日，卒於官。陳故泰和簪纓家，……孟京少孤，貧苦嗜學，……永樂元年中江西鄉試，四年會試禮部中前列，廷試在第二甲。初族兄士啓，永樂二年廷試中第二甲，賜進士出身，授翰林庶吉士。至是孟京與從兄孟潔皆賜進士出身，皆授此官。陳氏兄弟之盛，人以爲榮。時朝廷廣召文學之士，纂修永樂大典，孟京與編校，晨入晚出，未嘗以私廢。其博達明愼，老師宿儒多讓之。』

陳敬宗——明史本傳：卷一百六十三『陳敬宗字光世，慈谿人。永樂二年進士，選庶吉士，進學文淵閣，與修永樂大典。書成，授刑部主事。』

陳碩望——楊士奇送陳碩望先生序：東里文續集卷七頁三『吾邑（泰和）陳碩望先生，持端潔之操，蘊通博之學，擅奇偉之文，弱冠舉進士，出佐百里之治，於與寧善政施焉，善教行焉。……今上咸和萬方，篤志稽古禮文之事，永樂四年春，悉召天下名儒以事纂修，先生與焉。』

陳全——道光福建通志文苑志：卷五十一頁七『陳登字思孝，長樂人。……弟全字果之，永樂中進士第二人，授編修。預修永樂大典性理大全，擢侍講。著有蒙菴集。』

陳廸——雍正廣東通志人物志：卷四十六頁四十五『陳廸字保中，四會人。博學能文，篤於孝友。登洪武乙丑進士，任江陵縣丞，有政聲。坐事謫戍遼左，以明經薦爲國子助教，仁宗在東宮時召入文淵閣，同修永樂大典，居館職十餘年。有詩文類集藏於家。』

陳謨——同治進賢縣志仕績志：卷十七頁七光緒補刻本『陳謨字古訓，（進賢）八都人。永樂初，選貢中秘，與修永樂大典。歷中書，擢禮部主客主事，儀制郎中，爲尙書胡濙所重。國家大禮，多與議論。旣武選，以介著，陞四川參政，謹愼愛民，大臣交章薦，將大用，召至京而卒。』

陳璉——王直送陳經歷序：抑菴文後集卷二十頁十五『太宗皇帝臨御之初，詔修永樂大典，天下鴻儒碩師及郡縣學聰明才俊之士皆選拔詣館閣，會者蓋千餘人。予時爲翰林庶吉士，故一時在館者多相知。皆奮勵感發，各有以自見。書成，得官，人人皆足以立事，有名於當時。至今相遇，論及當時修書時事，其意猶若相親也。錢塘陳璉汝器，蓋當時聰明才俊之一也。』

陳□——楊士奇御史陳穀乃父挽詩：（東里文續集卷五十八頁十五）『行己嚴三畏，傳家守一經。選才成大典，膺召謁彤庭。草露俄垂化，松塋已勒銘。平生知不泯，有子嗣芳聲。』按陳穀事不詳，其父名亦莫曉，故暫闕。

章敞——楊榮故嘉議禮部左侍郎章君墓誌銘：（楊文敏公集卷二十四頁十九）『君諱敞，字尚文，別號質菴，世居越之會稽。……君自幼穎敏嗜學，爲父母鍾愛，暨長爲郡庠生，師友咸器重之。永樂癸未領鄉書首薦，明年登進士第，選入翰林爲庶吉士，偕狀元曾棨等二十八人績學中秘，與修永樂大典。壬辰（永樂十年）冬授刑部主事。』按楊士奇禮部左侍郎章公墓碑銘（東里文續集卷二十八頁三）與此略同，不具錄。

陸顧行——徐有貞送衛府典儀陸顧行先生致仕還雲間：（武功集卷五頁十八）『陸先生乃是平原孫子，雲間之豪英。晉朝到今千有二百載，惟爾祖孫先後炳耀揚文名。吾聞先生少小時，出語已足令人驚。高才逸氣拔俗數千丈，夐若孤峯特立秋崢嶸。金馬門前獻三賦，白虎觀中論五經。當時諸儒盡推許，聲價翕赫傾公卿。（顧行初以布衣召與修永樂大典，嘗奏詩賦稱旨，總裁諸公皆推重之。）奈何造物故相厄，不使鸞鶴冲霄鳴。佐縣未及展，爲郎竟無成。顧行修書成當得美除不悅者沮之出爲廣平縣丞久之乃轉今官居然抱奇器，坎壈負平生！……』

黃珏——楊士奇東阿縣儒學訓導黃先生墓表：東里文集卷十五頁十六『東阿縣儒學訓導黃先生諱珏，字某，別字慵翁，其先自江夏徙南康之都昌。……洪武乙丑，縣令丞聘爲學訓導，……無幾，調安東縣學。徵修永樂大典，被旨試文章，先生第一，蓋將用之，而以老疾辭。大典成，受賜賚，復還安東。其纂修居京師六年，……是時天下老師碩儒，皆以纂修召至，而先生表然衆人之中。』

黃宗載——王直南京吏部尚書黃公神道碑：抑菴文集卷七頁四『黃公宗載，(註四一)……於豐城爲大家。……公自幼喜學，年十五已能爲里塾師，選爲郡庠弟子，從熊伯機受春秋，遂取進士，爲行人。……永樂癸未，以賢舉授湖廣按察僉事。……丙戌，徵詣文淵閣，修永樂大典；書成，受賞而歸。』

黃約中——道光福建通志文苑志：卷五十一頁二十六『黃約中名守，以字行，莆田人。少負才名，永樂初應召至京，試上林曉鶯及天馬歌，擢第一，官翰林典籍，預修永樂大典諸書，進檢討。約中精楷法，爲詩清婉，得唐人遺響，有黃檢討集。』

董琰——光緒撫州府志人物宦業志：卷五十頁八『董琰字子莊，樂安人。洪武辛亥領鄉薦，壬申授訓導，秩滿陞茂名縣知縣。被薦入爲翰林院編修，預修永樂大典；書成，遷南京國子監司業。』

楊信民——王直姓源珠璣序：抑菴文後集卷十五頁二十三『姓源珠璣，江陰楊信民所著也。信民博洽多聞，嘗爲日照知縣。太宗皇帝在位時，修永樂大典，徵天下文學之士集館閣，信民與焉。』

楊昇——彭時尚書楊公墓碑銘：(註四二)『公諱寧，字彥謐，姓楊氏，世爲錢塘人。……父諱昇，有文學行誼，卒官徽州府學教授，因留家焉。……公天資孝友，年方十四，適其父教授先生承詔預修永樂大典，公隨侍至京，既而父遘疾且卒，公於侍湯藥備棺槨無不致謹。扶柩歸葬於錢塘，不憚險遠。』

楊璉——王直贈袁知縣歸省序：抑菴文後集卷十八頁十七『蒲城楊璉，……始遊鄉校，領薦書入館閣，與修永樂大典；書成，試事都察院，有能名，於是擢爲大興令。』

楊應春——楊榮贈吏部稽勳主事楊君墓銘：楊文敏公集卷二十四頁二十四『〔楊君〕應春，由永樂乙酉（三年）鄉貢入太學，預修中秘書，書成，授吏部稽勳主事。』按此雖未明言預修大典，然永樂三年所纂修者，實大典也。

趙志——王直送趙縣丞歸南城序：抑菴文後集卷八頁十三『南城丞趙志，……憶余初與南康金鼎正安，盧翰邦臣，同爲翰林庶吉士，且比屋而居相得也。時朝廷方修永樂大典，凡有文學者皆得薦舉，志時在星子縣幕，被薦入館閣，與編摩，能勤於其事，正安邦臣極稱道。……書成，受賞賚，陞撫之宜黃令。』

趙濟——乾隆建昌府志人物傳四：卷四十八頁一『趙濟字汝梁，南豐人。……少有文名，貫穿百氏，筆端沛然有餘。永樂癸未舉於鄉，明年登第，選翰林院庶吉士，與修永樂大典；書成，賚錫有加，改主事。』

裴仕傑——同治徐州府志人物藝術傳：卷二十二下之上頁一後『裴仕傑，徐州人。通儒書，習陰陽之術。永樂初，徵天下儒碩纂修大典，仕傑以陰陽家與焉。』

廖敏——同治南康府志人物志：卷十七頁三光緒元年增刻本『廖敏字悅學，星子人。建文四年中鄉薦，後選入內閣，修永樂大典。任刑部主事，宅心公恕，讞獄明允。』

熊倫——楊士奇誠意堂記：東里文續集卷三頁四『翰林院檢討解縈文夫，以其邑熊自誠之子倫謁余。……自誠吉水人，其居近學宮，其子倫，今以鄉貢進士居太學，預修永樂大典云。

樊愼——楊士奇送樊參政序：東里文集卷五頁九『括蒼樊公愼，歷教郡縣學，被召入翰林，預修永樂大典，遂擢工科給事中。』

鄭復言——雍正浙江通志文苑三（卷一百八十頁六後）『鄭復言鄞人，永樂丙戌進士，選庶吉士讀中秘書，鈎纂精微，預修永樂大典。應制賦白鹿稱旨，改禮部主事，歷陞太僕少卿。』

鄭棠——雍正浙江通志文苑四（卷一百八十一頁十九）『鄭棠字叔美，浦江人。與弟柏俱受業宋濂之門，以文詞知名。棠尤善馳騁，永樂初與纂修大典，除翰林院典籍，陞檢討，以疾辭歸。所著金史評元史評及道山集二十卷。』

鄭仲原——鄭棠祭鄭溧水令文（道山集卷三明活字本）『維年月日，翰林典籍鄭棠，謹遣曹乙以庶羞清酌之奠，祭於亡友故溧水知縣鄭仲原之靈。嗚呼！友朋之間，豈曰無人，志同道合，孰有如君！永樂之初，同應徵辟，纂修文館，聯袂出入，期約成書。告歸田里，往來過訪，娛情文史。豈意逾年詩文選留，私相愧悔年少與儔。我叨末職，君復校讎，雖各事牽，暇則同遊。君明易理，釋我隱憂，喪子之戚，交相解愁。倏經六載，困窮羈旅，誼雖友朋，情實兄弟。大臣薦舉，作邑溧水，冰櫱之守，人不堪處，政聲翕然，名傳遐邇。……』按此雖未明言與修大典，但觀「我叨末職，君復校讎」二語，叔美既在其職，仲原亦必與焉。

鄧林——四庫提要（別集類存目二）退菴遺稿七卷『明鄧林撰。林初名彝，又名觀善，字士齊。後成祖為改今名，新會人。洪武丙子舉人，任潯州府貴縣教諭，秩滿入京，預修永樂大典；凡五年，出爲南昌教授。』

鄧時俊——乾隆吉安府志人物庶官志：卷四十二頁十六『鄧時俊字仲淸，永豐人。洪武進士，任刑科給事中，以直諫出爲驛丞者再。後召入，與修大典，陞考功司主事，出補衢州通判，卒。』

劉仕隆——程大位算法統宗卷首：『夫難題昉於永樂四年臨江劉仕隆公，偕內閣諸君預修大典，退公之暇，編成雜法，附於九章通明之後。』

劉仲戩——周忱送劉大尹赴天官序：雙崖文集卷二頁九『廬陵劉君仲戩，……早以明經登胄監，選入中秘，纂修大典，應求賢詔，擢宰越之餘姚縣。』又道光廬陵縣志人物庶官志：卷二十九頁五『劉祉字仲戩，坊廓鄉人。由郡學生入監，與修永樂大典。成，授餘姚知縣。』

劉仲鐔——梁潛送劉教諭序：泊菴集卷六頁六十二『廬陵劉君仲鐔，舉於鄉而入太學，選修永樂大典，在禁林者幾三年。時學士解公（縉）與祭酒胡公（儼）總裁其事，仲鐔未嘗斯須去其側；搜閱秘典，遇奇事隱語，卽俾仲鐔錄示館中之士。或有所考索以上進者，必仲鐔書之，乃以進；否則不得書。不以進也。蓋仲鐔性穎敏，又知所畏愼，他人勤者或不敏，敏者又不能愼，惟仲鐔敏而愼，故學士諸公皆賢仲鐔。』

劉伯純——鄭棠劉伯純誄辭序：道山集卷三『筠西劉先生以明易學，膺薦職欽天監，中時天下術學之士萃集，先生名高其間。大典之修，選其尤才識長者登館閣，校讎成書；余因得與先生往來，參講接論，知其該博百氏之書，又其間之巨擘者也。』

劉良驥——道光廬陵縣志人物庶官志：卷二十九頁六『劉良驥字致遠，石溪人。永樂間由歲計（貢？）補國子生，與修大典；成，授兵部車駕主事，出掌池州馬政。』

劉曾——乾隆吉安府志文苑志：卷四十八頁七『劉曾安福人。永樂中安府紀善，預修大典，平生豪宕尙氣節，能文，稿曰鳴盛，有學庸解，論語問擬，太平十五策，皆切時務。』

劉本——雍正浙江通志文苑三：卷一百八十頁七『劉本字維源，永樂丙戌進士。先是成祖選曾棨諸人，肄業文淵閣，上時至閣中，或召至便殿，搜奇書僻事以驗所學。於是榜選十一人，本與焉，同修永樂大典，校讎文淵閣。一日忤旨，發口外爲民，尋召還，爲編修，以疾卒。』

劉恭——同治徐州府志人物志：卷二十二下之上頁十四『劉恭字政亨，洪武中官山西陵州訓導，謫戍泗州。從燕兵渡淮，授百戶。永樂初，改建寧通判，擢禮部員外郎，與修永樂大典。又有劉維新，諸生，亦以與修永樂大典，授中書舍人，遷戶部主事，皆徐州人。』

劉維新——見前。

歐陽俊——王直主事歐陽君墓表：抑菴文後集卷二十五頁一『君歐陽氏，諱俊，字允俊，泰和蜀江里人也。……永樂甲申，以詩經中進士，選爲翰林庶吉士。會纂修永樂大典，天下名儒碩師往往多在，君執筆編校，精審無缺失，由此益知名。書成，擢禮部主事。』

歐陽習——劉球故富陽縣丞歐陽府君墓誌銘：兩谿文集卷二十三頁八『府君諱習，字遵學，（袁州分宜人）……自號其室爲悅齋，聚書至數千卷，日閱覽無怠。……永樂初，吳中允仲平薦入文淵閣，預纂修大典；書成，賜冠帶。』

滕用亨——明史沈度傳附：卷二百八十六『滕用亨初名權，字用衡，精篆隸書。被薦，時年七十矣；召見，大書「麟鳳龜龍」四字以進，又獻貞符詩三篇，授翰林待詔，與修永樂大典。』

廬翰——同治南康府志人物志：卷十七頁四『廬翰字邦臣，星子人。永樂甲申進士，改翰林院庶吉士，與二十八宿之選。修永樂大典歷代名臣奏議，改吏部主事。』

龍源——光緒廬州府志宦蹟一：卷三十三頁十七『龍源河肥人，少警敏力學。永樂初，預修大典，授工科給事中。親喪家居，見民牧不良，即聞於朝，其人賂當道誣之，遂罷歸。』

戴弘演——楊士奇戴處士墓表：東里文續集卷三十二頁二十五『仙居戴處士歿，張廷璧既狀其行，及葬，翰林編修鄭好義又銘其墓。處士之子弘演間來請曰：「銘藏諸幽矣，惟先人之行宜表諸外者，敢徵惠於執事。」弘演爲人恂恂惇實，即子可知其父。……弘演舉進士，爲翰林庶吉士，預修永樂大典。（處士）聞之喜曰：「兒克成吾志矣。」……』

薛富——倪謙登仕佐郎應天府陰陽學正術薛公墓碑銘：倪文僖集卷二十六頁九文津閣四庫本『公諱富字仲德，姓薛氏，京口人。……公幼聰敏志學，博通載籍，旁及星曆易數之學。洪武丙寅，以明陰陽徵至京，因家江寧。永樂初，應天府復設陰陽學，府丞王公諒薦公堪任學事，詔授正術。……被薦，預修永樂大典，校正範圍術數，皆精確。』

顏子明——楊士奇挽顏子明五首之一：東里文續集卷六十頁二十三『文淵閣下集羣英，清世才華重老成。大典已傳名姓在，光榮終不負平生。』又光緒吉水縣志文苑傳：卷三十七頁十五『顏皞字子明，號松菴，六奇子，（吉水人。）以薦任南昌縣學訓導，應永樂四年召預修大典，疾卒於京。有松菴集。』

檀凱——光緒安徽通志人物宦蹟志：卷一百九十一頁五『檀凱字伯和，建德舉人，預修永樂大典；尋成進士，觀政都察院。……授忠州府通判。……宣德中，擢應天府治中，……遷府丞致仕。』

羅仲深——楊士奇羅仲深墓誌銘：東里文續集卷三十八頁八『余友曾與賢登永樂甲申進士第，爲翰林庶吉士，又二年其女弟之夫羅仲深繼登第，與與賢同官同舍，踰年與賢卒。又明年，仲深女兄之子曾用常亦舉進士來京師，居止依舅氏，未幾用常又卒。仲深連經紀兩喪於客外，傷其中情，鬱抑無聊，日益病，猶强出事。事後用常卒之數日，亦不起矣，悲夫！……仲深……永樂乙酉以邑學弟子員中江西鄉試，明年會試禮部中高等，廷對賜進士出身，授翰林庶吉士，修永樂大典。仲深沉潛明敏，寅出酉入，不肯斯須廢公，同列者皆推讓之。』

魏驥——葉盛吏部尚書文靖魏公墓誌銘：明名臣琬琰續錄卷九頁十一『公魏氏，諱驥，字仲芳，紹興蕭山人也。永樂四年會試乙榜，爲松江府學訓導，遷太常寺博士。甲辰，從征，國有大事，公悉與聞。……景泰庚午，已四乞骸始得歸，時年七十有七。自承事郎累轉至資善大夫。天順甲申詔下，進階榮祿大夫。嘗纂修永樂大典，聘考江西鄉試者二，同考會試者三。』

蕭寬——王直送文選員外郎蕭君序：抑菴文後集卷十三頁四十『蕭君名寬字雅容，予同郡（泰和）人也。永樂初與余同取進士，入翰林爲庶吉士，又五六年，蕭君與修永樂大典，成，擢兵部武選主事。』

蕭福——道光福建通志文苑志：卷五十一頁五十一『蕭福字九疇，浦城人學問該博，永樂丙戌進士，選庶吉士，預修永樂大典，除兵部員外，尋改吏部，以病乞歸卒。著有毅齋吟稿。』

釋善啓——朱彝尊明詩綜：卷九十一頁十三『善啓字東白，號曉菴，長洲人，主蘇州永定寺，尋主松江延慶寺，授僧綱司副都綱，預修永樂大典，有江行唱和詩集。』

釋敬修——朱彝尊明詩綜：同上詩話『曉菴早負詩名，錢塘瞿宗吉賦牡丹詩，師與對壘，用一韻賦百首，獨菴南洲交器重之，嘗被召纂修永樂大典，書成告歸，與上竺完公、敬修、北禪瑾公、如珪、白蓮車公指南，舟中唱和，有江行詩一卷，王汝玉序之。按大典共二萬二千九百卷，疑編纂之不易，而敬修詩云：「昔出當嚴冬，茲還及春暖。」蓋不過數月事爾。考當日賜鈔者二千一百六十九人，則因編書多，宜成書之速矣。』按詩中所言祇記來去時之時令，並非冬春相接，竹垞實未核也。

釋指南——見前。

釋大同——朱彝尊明詩綜：卷九十一頁十三後『大同字妙止，會稽人。鄞縣延慶寺僧，預修永樂大典。』

釋懷瑾——朱彝尊明詩綜：卷九十一頁十四『懷瑾字如珪，蘇州北禪寺僧。又住嘉定保寧寺爲僧綱司都綱，預修永樂大典。』

右列百三十五人，皆參與永樂大典之纂輯者也。其間若王敬先、李昌祺、曾與賢、陳士啓、陳孟京、歐陽俊、羅仲深等，俱勤於其職，不以私廢。大典之成，實際任編纂之事者爲纂修官，而此數人者在館服務之成績，殆尤在前列也。

四　謄錄及圈點生考

孫承澤云：『謄寫三百八十一人，』今由他籍可考見者，得二十人。又大典初制，經謄錄繕寫之後，復經圈點生用硃筆圈點一過，徵諸今殘存大典重錄本可知也。余稽諸籍，僅得一人，茲仍以姓氏筆畫爲序，依次排比於後：

王師韓——林環太學生王師韓墓誌銘：（絅齋集卷十頁二十一）『太學生王師韓，莆田之澄塘人。……弱冠挾册入郡庠，從縉紳先生游，篤志爲舉子業。業成，適朝廷留意文事，大召天下儒生集文淵閣，紬秘書纂修永樂大典，師韓以郡儒生與其選。雖其素蘊曾不得一掉鞅場屋間以奮其所長，然以布衣韋帶，當朝廷文墨之舉，日得出入秘閣，與四方天下之鴻生碩英相從事於簡帙之間，而際斯文千載盛會，又何其幸歟！大典告成，以願留太學告禮部，禮部以言于朝廷，許之。』

尹子源——王直送尹子源詩序：（抑菴文後集卷九頁十七）『吾友尹子源（泰和人），始用薦入館閣，與修永樂大典，五年而書成。朝廷將用之，命歷試於戶部，又三年，始授福清縣河泊官。』又跋金臺送別卷後：（同上卷三十六頁六十）『右金臺送別詩一卷，予爲序其首，至德遵詩止，作者幾人，詩凡若干篇，皆一時之傑也。太宗皇帝稽古右文，制作之盛自古罕比，名其書曰永樂大典，可見矣。故天下能書如子源者，皆與執筆，其用人之盛，亦可見矣。書成，皆命以官，皆得效用，又何其人才之多也。此卷所書，蓋鄉郡人皆修書而得官者，其他列名者尤多，文章翰墨皆足進身非苟得也。子源賢孫直以明經取進士，官翰林，喜其祖由館閣發身之官之日送者皆名賢，足以爲榮觀，會稡此卷求予識一言。噫！此前人先友記之義也。子孫寶之開卷爛然，足以表前代交遊之美，文獻足徵，可考不誣，故題而歸之。』按後跋雖未明言子源姓氏，但徵之王氏尹子源像贊序：（同上卷三十七頁二十七）『此予友尹子源也。予嘗爲教其子璉，因與君相好。死生契闊逾四十年，今孫直爲翰林編修，持以屬予贊，爲作贊曰』云云，則三文所言乃一人也。

史常——梁潛宜樂堂詩序：（泊菴集卷六頁二十）『溧陽史君仲川兄弟三人同居合食，甚相友善，宗族慕其行，鄉黨服其義。仲川兄弟又恐其久而或怠也，乃取詩「宜爾室家，樂爾妻孥」之語，扁其堂曰宜樂之堂。其從子常以善書選至京，同預編永樂大典，因暇日出示宜樂堂文一卷，求敘之。』

朱用和——王直贈尙寶卿朱君序：（抑菴文後集卷七頁四十二）『朱君用和，……崇明人，有秀偉之質，有通敏之才，有謙愼之行。其始遊邑庠，用能書，徵入館閣，與修永樂大典，書成，升太學。』

吳伯鼎——周忱重慶堂記：（雙崖文集卷一頁二十六）『永樂戊子（六年）春，豫章吳君伯鼎以能書領有司薦，入中秘與修大典，與予偕寓館，容臺同起居者幾二載，交莫逆也。』

吳凱——王鏊貞孝先生墓表：震澤集卷二十六頁七文津閣四庫本『貞孝先生吳氏，諱凱，字相虞，卒葬崑山之興賢里，且四十年。……先生生而穎異，……爲邑庠弟子員，時修永樂大典，以工書被選。遂以貢上中順天府鄉試。』

吳敬——嘉慶松江府志藝術傳：卷六十一頁八『吳敬字夢寅，上海人。以楷書生寫永樂大典，書成入太學，擢行在吏部文選司主事，遷郎中。秩滿予四品祿，尋遷太僕司少卿。以疾乞歸，正統四年卒，遣官諭祭。』

俞得濟——楊士奇刑部俞主事墓誌銘：東里文續集卷三十七頁一『刑部主事俞得濟公廣卒，其孤希俊將奉柩歸葬處州之遂昌。……公廣嘗從余翰林十餘年，銘不得辭。俞之先居睦州，宋季有仕遂昌者，因家焉。……得濟其諱，公廣字也。……永樂六年詔翰林集四方儒學之士，纂修永樂大典，及能書士職繕寫，公廣以能書薦，書成被賚，詔就翰林，益進其藝。』

姜謨——王直贈姜推官序：抑菴文後集卷十九頁三十九『太宗皇帝在位時，詔修永樂大典，一時善書之士皆徵入館閣，金華姜謨預焉。謨俊爽有才，在衆人中穎然自異，衆由是奇之。書成，得都察院都事，改監察御史；久之，出爲武昌推官。』又楊榮姜寺丞墓誌銘：（楊文敏公集卷二十二頁七）『宣德七年九月丁丑北京行太僕寺丞姜謨嘉謀以疾卒於官。……姜氏世居金華白砂鄉之長山，……〔嘉謀〕以洪武戊辰八月壬戌生，……幼秀慧向學；年十三，郡守方素易選爲郡庠生；僅五載，應選送文淵閣習書。初至時，余愛其聰俊，時復召其隨行，詢及學問政事，歷歷條對如響，余固知其能也。是後預修永樂大典，益愼益謹，自總裁官而下，亦莫不喜之。』

高盟——黃佐南雍志：（卷二頁十九國學圖書館影印明刊本）『〔永樂五年〕冬十一月……戊寅，南陽府鄧縣生員高盟等言：初以楷書選入文淵閣，修永樂大典，今書成，願就學入監。從之。』

夏文——楊榮贈奉議大夫考功郎中夏君墓誌銘：（楊文敏公集卷二十三頁十八）『〔夏君〕宗文諱文，別號醉漁，世家華亭。……幼失怙，賴母顧氏訓育，性敏嗜學，從鄉先生張夢辰游，習詩律有奇語，兼攻漢隸章草。弱冠爲郡庠生，……永樂丁亥，以楷書被召，預修永樂大典。暨寫勸善書事竣，授主廣平縣簿。』

孫哲——光緒安徽通志人物文苑志：（卷二百二十七頁三）『孫哲字旣明，靑陽人。永樂中貢入太學，與修永樂大典，一中官以佛經强之書，哲不可，遂辭歸。同時貴池孫玘亦預修大典，以母老辭歸。』

孫玘——見前。

陳雍——楊士奇厚敬堂記：東里文續集卷三百十一『西昌陳雍（字仲京）年甚少，溫厚信愼，居家有孝弟之行，爲邑校弟子員，知務於學。方朝廷廣召文學之士纂修永樂大典，又簡求能書者以職繕寫，於是邑大夫舉雍應詔，在京師數年，早作而莫息，斯須之暇，其心未嘗不在親側。』

陳德剛——林環送陳德剛還莆田序：絅齋集卷七頁二十六『皇上崇尙文教，萬幾之餘，論道講藝，日不遑暇，乃於永樂四年大召天下鴻儒碩彥，博洽經籍，暨工楷法者，悉赴京師入文淵閣編摩大典。士生斯世應斯選者，靡不以身逢聖朝，獲躬覩石渠虎觀之盛爲幸。是時吾莆陳德剛氏以善書應選而來。德剛神清氣朗，資質溫厚，儕輩中最以雅飭見稱。趨事以來，夙夕匪懈，以故詞臣國老，靡不嘉重，而凡同筆硯之士，亦皆藉藉道其美不釋口。大典成，德剛蒙恩賚將歸，告余別，余與德剛居同邑，有鄉曲之雅，且余總裁其事，知德剛爲特深，於其歸不容無有以告之。』

張俊——王直故德淸令張君墓碣銘：抑菴文集卷十頁四十八『（君）諱俊，字俊明，（浦江人）自幼聰敏好學，弱冠爲縣庠生，讀書作文，名出儕輩上。會朝廷修永樂大典，徵羣儒集館閣，君以能書與焉。書成，入太學，擢爲左都督府都事。』

曾貫——楊士奇送陳雍序：東里文續集卷七頁十六『聖天子龍飛之明年，詔翰林之臣修永樂大典，盡出中秘書又廣求天下載籍而統粹之，包羅天地，囊括古今，浩浩穰穰，蓋自有書契以來，簡帙紀載之富，未有若此之盛者矣。又明年，悉徵天下博聞之士入預纂修；又簡太學郡縣學生及秀民之工於書者，以職繕寫。於是天下文藝之英，濟濟乎咸集於京師，而出入禁闥，日食大官饌，又有駢蕃之賜。夫士遭明時，遇稽古制作之事，而翺翔乎聲明文物之會，豈非千載盛遇乎！而吾西昌之學以能書與於斯者，陳雍，曾貫，劉選三子者，可謂遇矣。』

程南雲——雍正江西通志人物志：卷八十四頁四『程南雲，南城人。永樂中，以能書徵，與修大典，授中書舍人，尤精篆隸，累官太常卿。』

劉俊——梁潛贈朱孔良序：泊菴集卷六頁五十六『皇上紹正大統，九有寧謐，萬幾之暇，端居無爲，乃游情於文藝，萃天下儒臣，編纂秘閣文籍。上自唐虞，下及當世，天文律曆，諸子百氏，旁搜而彙輯之，括之以類，統之以韻，蓋將彙萬卷於一編，合萬世於一時者也。然其功浩闊，非日月可計，而簡册增於尋常部書萬倍，皇上乃又命選天下州郡能書之士，皆集於文淵閣，俾以成書，精寫上進。泰和邑庠生劉俊預是選，俊志銳學勤，又溫恭而愼密，凡在禁林與爲交游者，莫不忻然愛重之。今年夏，其婦翁朱孔良來視之，予旣與俊同往還禁林，而又獲視孔良，心甚喜也。……予與俊當盛世文明，俱預榮於大典，故於孔良之歸，敢誇道其事以爲贈。』

劉選——王直筆妙軒記：（抑菴文後集卷二頁七）『永樂中，予鄉友劉選，預修大典，在館閣。』又劉文復像贊序：（同上卷三十七頁三十）『文復予故人，居縣東平易坊。……文復長子選，爲邑庠生，以能書徵入館閣，與修永樂大典。』

以上二十人，爲謄錄之僅可考見者。至圈點生，余瀏覽所得，僅金祺一人。黃淮梅窗先生金公墓誌銘云：（介菴集卷六頁八）『公諱祺，字原祺，姓金氏，以字行，世本閩人，其先有劉贊者，事閩王延羲爲御史中丞，以直言遇害，家族恐見及，遂去卯刀而存其金爲姓，避地溫台間，至十八府君遷居永嘉。……公明敏勤愼，篤於孝友，……被召赴文淵閣點永樂大典，有寶鈔之賜。』以大典卷帙之浩繁，當時圈點生爲數必很可觀，惜已無從知其詳矣。

由上所述，可知大典告成後，與修諸人，俱有賞賚，以酬其勞。賞賚之等級，雖不可詳知，要不外授官賜鈔二途，以前列諸人徵之，似以授官者爲尤多。全祖望云：（註四三）『其時公車徵召之士，自纂修以至繕寫，幾三千人，緇流羽士，亦多預者。書成，選能詩古文詞及說書者二百人，充試吏部，拔其尤者三十人授官，其餘亦有注籍選人者。』然驗諸上述諸人，其受爵賞者，決不如全氏所言之數，明矣。

總計前列百九十四人，除實錄所載二十八人外，爲余所新考見者百六十六人。永樂大典，爲典籍中空前之鉅製，宋元兩代文獻，賴以保存者至夥；而纂修諸人，名字翳如，文章行事，不得少見梗概，豈不惜哉！今得識與斯役者百九十餘人之爵里行事，雖不及原數十之一，亦可稍補此憾矣。

（註一）沈德符野獲編補遺卷一，作「二千一百十九人」，汪師韓韓門綴學首條同，未知所據。

（註二）見所著春明夢餘錄卷十二。

（註三）見東里文集卷二十頁十四。

（註四）楊士奇前朝列大夫交阯布政司右參議解公墓碣銘，見東里文集卷十七頁二十。

（註五）見解文毅公集附錄頁十四。

（註六）見明史卷一百四十五。

（註七）見明史卷一百五十一，此參以胡儼頤菴文選（卷上頁九十五，文津閣四庫本）故資政大夫禮部尚書鄭公神道碑銘。

（註八）見明史卷一百五十，此參以楊士奇故工部營繕司主事劉君墓誌銘。

（註九）見明史卷一百五十二，此參以楊士奇梁用之墓碣銘。

（註一〇）按劉若愚酌中志卷十八內板經書紀略云：『永樂大典一部，係湖廣王洪等編輯。』而王洪係錢塘人，「湖廣」殆「胡廣」之誤耶？姜紹書韻石齋筆談（卷上）襲之，亦作「湖廣王洪」，惟胡應麟少室山房筆叢（卷三末條）作「胡廣王洪」，似總裁者尚有胡廣，但胡儼爲廣撰墓誌銘（頤菴文選卷上頁一百六文淵閣大學士文穆胡公墓誌銘）無一語道及廣與修大典，儼爲正總裁之一，所記當不致遺漏。胡應麟生當萬曆之世，劉若愚又晚，姜紹書清初尚存，所言蓋皆耳食耳。故以下正副總裁中不及胡廣。

（註一一）金實春芳贊善陳先生（濟）行狀，見徐紘編明名臣琬琰錄卷二十一頁一，文津閣四庫本。

（註一二）語在梁潛泊菴集（文津閣四庫本）卷五頁五十二，壽陳贊善母七十詩序。

（註一三）見明史卷一百四十七，此參以楊士奇解公墓碣銘。

（註一四）曾棨內閣學士春雨解先生行狀，見解文毅公集附錄頁一。

（註一五）見明史卷一百五十二，此參以陳璉翰林學士王公景彰墓碑銘（明名臣琬琰錄卷十三頁十四。）

（註一六）見廖道南殿閣詞林記（文津閣四庫本）卷四頁二十五，翰林院侍讀學士王達傳。

（註一七）見明史卷一百四十七，此參以楊溥國子祭酒胡公墓誌銘（明名臣琬琰錄卷二十四頁六。）

（註一八）見明史卷一百四十八。

（註一九）見東里文續集（文津閣四庫本）卷三十三頁十一。

（註二〇）見同上卷三十八頁二十一。

（註二一）林環絅齋集十卷傳鈔本八冊，國立北平圖書館藏。其卒年參福建通志。

（註二二）見明史卷一百六十四，此參以太宗實錄。

（註二三）見明史卷三百八十六，此參以道光福建通志卷五十一文苑傳。

（註二四）此據楊士奇東里文續集卷三十四頁八國子司業吳先生墓誌銘，及楊榮楊文敏公集（正德十年重刊本）卷二十頁十一故國子司業吳君墓表。

（註二五）此據楊士奇東里文集卷十四頁五詹事府少詹事兼翰林侍讀學士贈嘉議大夫禮部左侍郎曾公墓碑銘，及楊榮曾公墓誌銘（楊文敏公集卷二十一頁二十三。）

（註二六）此據乾隆建昌府志卷四十八人物傳四頁九本傳。

（註二七）此據所著穀齋集（文津閣四庫本）書前提要，及徐伯齡蟫精雋（本同上）卷十八頁八王翰林詞。

（註二八）此據楊文敏公集卷十九頁十六故嘉議大夫禮部侍郎蔣君良夫墓表，及王直抑菴文集（文津閣四庫本）卷十二頁一蔣良夫哀辭，和金幼孜金文靖公集（文津閣四庫本）卷十頁五十五蔣侍郎傳。

(註二九)楊榮艮夫墓表作「登洪武庚辰進士，」按洪武起戊申迄戊寅，並無庚辰，庚辰則爲建文二年。再按王直哀辭稱「艮夫長直一歲，」直卒於英宗天順六年年八十四，其生在太祖洪武十二年。依此推之，艮夫生於洪武十一年（一三七八）至建文二年（一四〇〇）爲二十三歲，其舉進士蓋在是年，楊表殆偶誤耳。

(註三〇)此據所著虛舟集，並參以四庫提要，及福建通志卷五十一文苑本傳。

(註三一)此據福建通志卷五十一文苑本傳。

(註三二)此據楊文敏公集卷二十頁十三，故翰林修撰張君（嗣祖）墓表。

(註三三)此據乾隆蘇州府志卷五十五人物九頁十八本傳。

(註三四)此據道光泰和縣志卷二十八人物頁二十六本傳，及乾隆吉安府志卷四十八文苑頁四本傳。

(註三五)此據所著訥菴先生遺稿（萬歷辛丑刻本）前後所附傳略，及李贄續藏書（明刻本）卷六頁二十一尹昌隆傳，並參以明史（卷一百六十二）本傳。

(註三六)此據雍正浙江通志卷一百七十八文苑一頁九本傳，及四庫提要別集類存目二節菴集提要。

(註三七)此據王直抑菴文後集（文津閣四庫本）卷三十二頁一，知府葉公墓誌銘。

(註三八)此據續藏書卷七頁五顏伯瑋傳附，及道光廬陵縣志文苑卷三十一頁五十本傳。

(註三九)此原作「洪武壬午，」按洪武無壬午，壬午則爲建文四年，故改之。

(註四〇)明外史未見，此據圖書集成理學彙編經籍典第六卷經籍總部彙考六所引。

（註四一）庫書原抄作「宗戴」誤。明史卷一百五十八有傳，道光豐城縣志仕績志（卷十一頁二）亦有傳，今改正。

（註四二）見徐紘明名臣琬琰續錄卷四頁十三。按此文彭文憲公集（康熙重刻二彭合集本）未收。

（註四三）語在所著鮚埼亭集外編卷十七鈔永樂大典記。

第四章　永樂大典之體制

永樂大典之式樣，今殘存重錄本，與原本無異（詳後章：）高爲營造尺一尺五寸六分二厘五毫，寬營造尺九寸三分七厘五毫。書面硬裱，以黃色絹連腦包過。沿左上首書簽題『永樂大典』四大字，下卷第幾爲雙行小字；書面之右上首有小方格題某韻，次行低格題隸該韻之册數第幾，每卷葉數，自十餘至三十餘葉不等，均上等白宣紙。每册有一卷，有二卷，間亦有三卷者，而以二卷者爲多。版框朱色雙邊，版心高營造尺一尺零九分三厘七毫五絲，寬營造尺六寸八分七厘五毫。上魚尾下記『永樂大典卷第幾』，下魚尾記『頁第幾』。首葉之首行，題大字『永樂大典卷第幾』，越一格題某韻字；次行標題，或頂格，或低一格，或低三格，亦大字，餘均小字。每半葉八行，朱色長格，每格內雙行小字，行二十八字。朱筆句讀，引用書名皆朱書。——今全書雖散亡幾盡，猶幸靈石楊氏刊永樂大典目錄尚存，吾人獲觀凡例與卷帙，尚足徵其規模之宏大也。

一　大典凡例

大典編纂以洪武正韻爲綱，用韻以統字，用字以繫事，凡天文、地理、人倫、國統、道德、政治、制度、名物，以至奇聞異見庾詞逸事，皆隨字收載。如天文志皆載入天字下，地理志皆載入地字下；若日月、星、雨、風雲、霜露、及山海、江河、等類，則各隨字收載名物制度，載在經史諸書者，亦隨類附見。他如歷代國號、官制、禮樂、詩書、及一名一物，具各隨字備載，而詳歸各韻。蒐采之書，極爲詳備；修撰之宏，爲前所未有。茲錄大典凡例於左，藉窺其體制之大較：（註一）

（一）是書之作，上自古初，下及近代，經史子集，與凡道釋醫卜雜家之書，靡不收采。誠以朝廷制作所關，務在詳備無遺，顯明易考，用韻以統字，用字以繫事，凡天文、地理、人倫、國統、道德、政治、制度名物，以至奇聞異見庾詞逸事，悉皆隨字收載。事有制度者，則先制度；如朝覲郊社宗廟冠婚之類物有名品者，則先名品；如龍鳳龜麟松竹芝蘭之類其有一字而該數事，則即事而舉其綱；如律字內有律呂法律戒律陽字內有陰陽重陽端陽之類一物而有數名，則因名而著其實；如黃鶯鶬鶊竹筠篔簹之類或事文交錯，則彼此互見；如宰相平章參知政事太守刺史知府之類或制度相因，則始末具舉；如冠服職官歷舉漢唐宋沿革制度之類包括乾坤，貫通今古，本末精粗，粲然備例：庶幾因韻以考字，因字以求事，開卷而古今之事，一覽可見。

(二)音韻訓釋，諸家之說，詳略不同，互有得失。唯國朝洪武正韻，一以中原雅音，而無偏駁之失。今以正韻爲主，先翻切，次訓義，諸家之說，並附於下。如徐鍇通釋丁度集韻之類或一字有數音，而訓釋有數義，如數去聲數入聲令平聲令去聲長平聲長上聲之類，各詳其音釋。其五音集韻及篇海諸書所增諸字，併收於後。

(三)字書體制，古今不一：如鐘鼎、盤盂、鑄刻，及蟲魚、蝌蚪、篆隸，散在各書，難以辨識；今皆不拘同異，隨字備收。而鍾王以後諸家行艸各書，亦備其體。

(四)天文，凡天文志皆載於天字下，若日月星雨風雲霜露之類，各隨字備載其詳異及祭禳之禮，依類互見。如日字內日有五色雨字內祈雨之類詩文如之。

(五)地理，凡歷代地理志及陰陽相地之術，皆附於地字下。若山海江河等類，則隨字收載。然有一山一水，經跨數郡，如黃河經關陝太行跨平陽海慶之類或名同實異，如龍山鳳凰山多有其名處所不一之類諸郡志書，重見疊出，難於考究；今各依類，薈萃歸一，就中區別同異。如山字內鳳凰山下注云在某處某處之類 詩文亦以類附之。

（六）天下郡縣歷代沿革不同，今悉以國朝所立州郡之名爲正，仍參歷代圖志地理諸書，凡古今沿革，城郭山川，風俗土產，紀詠辨證，無不備載。如應天府收於天字下，其舊有建康金陵等志，並附之；康字陵字下，注其大概，注云『詳天字。』若古有而今革之者，如燉煌張掖之類，亦因其舊名備其始末。其各縣如應天府之上元縣，則於元字下載其沿革，注云『詳天字，』餘仿此。

（七）宮殿、樓閣、臺榭，及釋道寺觀祠宇之類，各詳著其時代及建置始末；其有圖者載其圖，有文者紀其文，有制作之法者，詳其法；諸器物例仿此。

（八）古今禮樂，於禮字下舉五禮之綱而疏其目；其郊祀、明堂、宗廟、社稷、山川、朝會、燕射、冠昏之類，各隨字收載。樂字下載歷代沿革，雅胡俗部之制，其郊廟等樂，仍詳各韻。

（九）省府部寺臺院之類，古今建置，沿革不一。今於省府等字內，舉其大綱；如省字尚書省著朝代沿革官屬繁簡之類 其間統屬及諸司職守等級之詳，各隨字收載。

（一〇）官制歷代不同，其建置因革，員數繁簡，品秩尊卑，職掌輕重，於官字下總其大概，而詳歸各韻。（如尚書侍郎監察御史詳書字郎字史字之類）其有名同而職掌或異，則考其源委而總歸一類；（如漢之光祿勳所掌與唐光祿寺不同之類）有職掌同而名稱不同，則因名歸韻，各致其詳。（如漢魏之州牧唐之都督節度使元之行省丞相之類）餘仿此。

（一一）歷代國號，如虞夏商周漢晉唐宋之類，各隨字收載，若僭竊及外夷諸國，亦以其本號，（如前後趙後秦匈奴突厥之類）隨字收之。

（一二）古今姓氏，其出不一：有以國爲姓者，（如周陳韓鄭之類）有出於賜姓者，（如劉敬李勣之類）有外夷冒中國姓者，（如劉淵石勒之類）有以部落爲姓者，（如宇文耶律完顏之類）世系混淆，難以考究。今以元和姓纂、姓氏辨證諸書，詳著本末，隨字收載，以世次系諸史列傳，及碑誌、雜說、先儒議論附之。覆姓則以下一字收之。（如諸葛入葛字之類）若遼金元所載諸臣，或無姓氏，至有五六字相連爲名者，既無姓可取，亦以下一字附各字之後。（如木華黎入黎字之類）

（一三）草木鳥獸，名品既殊，事實亦異。（如龍鳳松竹之類各隨字收之）其有二字爲名者，則詳其所重。（如芍藥翡翠從藥字翠字收萱草鳳凰從萱字鳳字收若瑤花陽鳥則從花字鳥字收之類）又以名異而物同者，則於各字下，隨事收載。（如菡萏蓮花黃鸝鶬鶊之類）

類餘仿此。

（一四）易、書、詩、春秋、周禮、儀禮、禮記，有序文，有編目，有諸儒傳授源流，及論一經大旨者，今皆薈萃於各經之下。（如易經入易字之類）其諸篇全文，或以篇名，或從所重字收。（如乾字收乾卦禮字收曲禮喪字收曾子問之類）若傳注，則取漢唐宋以來名家爲首。（如易程傳朱本義書傳會選蔡傳禮記古注疏陳澔集說之類）餘依世次，各附其後。其間有事關制度名物者，亦分采入韻。四書惟大學中庸，難以分載，全篇收入，（如大學學字下收之）論孟例同，五經諸子書，亦仿此。

（一五）正史、編年、綱目、諸史，並於史字收載其名，並附作者姓氏，先儒敍論。其各朝帝紀之類，則依次編入國號之下。（如漢字收漢高祖先帝紀次通鑑次綱目諸史）世家列傳表志，則各從所重者收。（如后妃諸王公主收入后妃王主字諸侯王表入王字天文志入天字蕭何傳入蕭字之類）或一傳兼載數人，止於一人姓氏下全錄；餘只書姓名，注云事詳某人傳。（如竇嬰田蚡傳之類）若諸史中文有重複者，止存一家；或事文互有詳略，則兩存之；或事同而文有詳略者，則存其詳者。（如十七史南北史新舊唐書五代史之類）先儒議論，亦各依次附載。（如胡致堂讀史管見論一代事則附一代之下論一帝或一人事則附一帝一人下之類）其間事實，分采入韻。

(一六)道釋兩家，於道字釋字，載其大綱；若釋有佛祖、菩薩、羅漢、大士、僧尼，道有天尊、眞人、道士、鍊師等號；其書有經、讖、律、論、符、篆、咒、法、齋醮、金丹等訣；其文有讚、頌、碑、銘，及禪、律、論、等類；則隨字收入，及從所重類載。如菩薩天尊入薩字尊字，法華經度人經入華字人字，其梵綱經菩薩戒雖無律名，其中專言戒律之事，則以所重收入律字之類。 其間事實，並采入各韻。

(一七)歷代醫藥陰陽諸家，其源流大概，各於一處通載。如醫字收內外科歷代名醫總說之類。 其方脈藥名占卜事驗，爲說尤多，今各從所重，隨字加入。如素問上古天眞論入眞字，人參入參字，運氣傷寒入氣字寒字，占法婚書入占字婚字之類。 論議詩文，並以類附。

(一八)古今文章，若記、序、銘、贊、頌、說、詩、賦、樂府、歌詞、雜述、著作，其體不一。其間有題軒堂宮室，有述名物器用，有言人事，有論政治，有遊覽贈送等類，今各隨所重字收。如遊山詩入山字，鸚鵡賦入鵡字之類。 其有托物假名，或借題咏事，則隨其實收入。如毛穎傳入筆字。 又有一篇之中，雜論衆事，或泛然而作，難以附麗者，就於本題字下收。如上皇帝萬言書入書字，雜詩入詩字之類。 餘仿此。

(一九)名物制度，舊有圖譜，載在經史諸書者，今皆隨類附見。若其書專爲一事而作者，全收入。

如五經禮器圖詩圖說全收入禮字詩字琴譜竹譜全收入琴字竹字之類，

（二〇）經史郡志釋道等全書及姓氏等已有定例，其間有文章事實多者，則隨宜附著事韻少者之後，以便考尋。

（二一）目錄各字下，注所收切要事目，以便考究。

右列凡例二十一則，蓋當初定制如斯，其後編纂未全遵守。四庫總目提要稱其：『或以一字一句分韻，或析取一篇以篇名分韻，或全錄一書以書名分韻，與卷首凡例多不相應，殊乖編纂之體。疑其始亦如韻府之體，但每條備具始末，比韻府加詳。今每韻前所載事韻，其初稿也。繼以急於成書，遂不暇隨條採掇，而分隸以篇名。既而求竣益迫，更不暇逐篇分析，而分隸以書名。故參差無緒，至於如此。』（註二）所言亦實情也。如柏人縣不隸於『柏』而隸於『人』，盤庚篇不隸於『盤』而隸於『庚』，大莊嚴經論不隸於『莊』而隸於『論』，而大寶涅槃經不隸於『經』却又隸於『槃』；（註三）固隨所重字收載，亦不應似此入韻無緒，宜乎總目譏其『割裂龐雜，漫無條理』也。

然此書網羅宏富，固不以瑕掩瑜。全祖望曰：（註四）『其例乃用洪武四聲韻分部，以一字爲綱，即取十三經廿一史諸子百家無不類而列之，所謂因韻以統字，因字以繫事者也。而皆直取全文，未嘗擅減片語。夫偶舉一事，即欲貫穿前古後今書籍，斯原屬事勢所必不能，而大典輯畜並包，不遺餘力，雖其間不無汗漫陵雜之失，然神魄亦大矣。蓋嘗聞諸儒商榷凡例，初多參辰，王偁笑曰：「欲構層樓華屋，乃計功於箍桶都料耶？」（註五）則凡例蓋取偁手也。』要之，大典卷帙之鉅，前無其匹，宋元以前之佚文秘典，往往全部臚列，實足資博古者考訂之助，未可遽以叢雜目之也。

二　目錄撮要

大典目錄，以平上去入四聲類次：平聲二十三韻，共一萬三十四卷；上聲二十三韻，共二千一百七十五卷；去聲二十三韻，共七千三百八十九卷；入聲十一韻，共三千二百七十九卷；總計四聲八十韻，共二萬二千八百七十七卷。茲列表於左：（註六）

聲目	韻目	各韻卷數	全書卷數
平聲	一 東	六七五	一——六七五
	二 支	五六九	六七六——一二四四
	三 微	二五八	一二四五——一五〇二
	四 齊	一〇二	一五〇三——一六〇四
	五 魚	五二四	一六〇五——二一二八
	六 模	三三三	二一二九——二四六一
	七 皆	二〇〇	二四六二——二六六一
	八 灰	二四四	二六六二——二九〇五
	九 眞	六九八	二九〇六——三六〇三
	十 寒	四四二	三六〇四——四〇四五
	十一 删	三四三	四〇四六——四三八八
	十二 先	八二九	四三八九——五二一七
	十三 蕭	二〇八	五二一八——五四二五

十四	爻	一八一	五四二六——五六〇六
十五	歌	一三五	五六〇七——五七四一
十六	痲	一九七	五七四二——五九三八
十七	遮	三一	五九三九——五九六九
十八	陽	一七〇三	五九七〇——七六七二
十九	庚	一一六六	七六七三——八八三八
二十	尤	四八四	八八三九——九三二二
二十一	侵	二一七	九三二三——九五三九
二十二	覃	二三七	九五四〇——九七七八
二十三	鹽	二五六	九七七九——一〇〇三四

上聲

一	董	七三	一〇〇三五——一〇一〇七
二	紙	二〇五	一〇一〇八——一〇三一二
三	尾	一五	一〇三一三——一〇三二七
四	濟	二二五	一〇三二八——一〇五五二

五語	二五七	一〇五五三——一〇八〇九
六姥	二二二	一〇八一〇——一一〇三二
七解	三四	一一〇三三——一一〇六五
八賄	一一七	一一〇六六——一一一八三
九軫	一〇七	一一一八四——一一二八九
十罕	二六	一一二九〇——一一三一五
十一產	一〇五	一一三一六——一一四二〇
十二銑	六二	一一四二一——一一四八二
十三篠	六七	一一四八三——一一五四九
十四巧	七九	一一五五〇——一一六二八
十五晧	二一	一一六二九——一一六四九
十六馬	七七	一一六五〇——一一七二六
十七者	九九	一一七二七——一一八二五
十八養	九六	一一八二六——一一九二一

十九	梗	八四	一一九二二——一二〇〇五
二十	有	一四七	一二〇〇六——一二一五二
二十一	寢	二〇	一二一五三——一二一七三
二十二	感	二五	一二一七四——一二一九七
二十三	琰	一二	一二一九八——一二二〇九
去聲			
一	送	一〇一九	一二二一〇——一三二二八
二	寘	六二六	一三二二九——一三八五四
三	未	一七〇	一三八五五——一四〇二四
四	霽	四三四	一四〇二五——一四四五八
五	御	九五	一四四五九——一四五五三
六	暮	四四二	一四五五四——一四九九五
七	泰	一四四	一四九九六——一五一三九
八	隊	三二八	一五一四〇——一五四六七
九	震	五四六	一五四六八——一六〇一三

十翰	三六二	一六〇一四——一六三七五
十一諫	一七五	一六三七六——一六五五〇
十二霰	三三六	一六五五一——一六八八六
十三嘯	二八二	一六八八七——一七一六八
十四效	二九四	一七一六九——一七四六二
十五箇	一二八	一七四六三——一七五九〇
十六禡	一七五	一七五九一——一七七六五
十七蔗	七八	一七七六六——一七八四三
十八漾	五七六	一七八四四——一八四一九
十九敬	七三九	一八四二〇——一九一五八
二十宥	二一〇	一九一五九——一九三六八
二十一沁	三〇	一九三六九——一九三九八
二十二勘	一二七	一九三九九——一九五二五
二十三豔	七三	一九五二六——一九五九八

入聲			
一	屋	四六四	一九五九九——二〇〇六二
二	質	八〇七	二〇〇六三——二〇八六九
三	術	三三六	二〇八七〇——二一二〇五
四	曷	二五	二一二〇六——二一二三〇
五	轄	一三〇	二一二三一——二一三六〇
六	屑	二三七	二一三六一——二一五九七
七	藥	五八二	二一五九八——二二一七九
八	陌	三三八	二二一八〇——二二五一七
九	緝	九六	二二五一八——二二六一三
十	合	一七二	二二六一四——二二七八五
十一	葉	九二	二二七八六——二二八七七

右表所列全書總卷數，與姚廣孝等進書表合，加凡例並目錄六十卷，與成祖序文合，不知實錄何以云『二萬二千二百一十一卷？』又梁潛云『成書三萬七千餘卷，』（註七）古今圖書集成引

皇明肇運紀作二萬二千九百二十七卷，（註八）沈德符野獲編作二萬二千九百餘卷，（註九）劉若愚酌中志作二萬二千八百七十卷，（註一〇）續通考作二萬二千九百卷，（註一一）姜紹書韻石齋筆談作二萬二千一十一卷，（註一二）明史藝文志作二萬二千九百餘卷，（註一三）吳長元宸垣識略作二萬二千八百七十卷目錄六十卷；（註一四）明清人記載類多如此，與原目合者甚鮮。蓋傳聞遞鈔俱不獲觀原目，遂致字畫如是多譌耳。

（註一）見靈石楊氏刊連筠簃叢書永樂大典目錄卷首。

（註二）見四庫全書總目提要子部類書類存目一，永樂大典提要。

（註三）此據永樂大典目錄卷三〇〇七，及三九四四七六七七一五八六八四卷。

（註四）見所著鮚埼亭集外編卷十七鈔永樂大典記。

（註五）按此事見宋端儀立齋閑錄卷三：『初倂當大典諸儒羣集，一日有及凡例未當者，儕曰：「譬之欲構層樓華屋，乃計工於箍桶都料，不有誤耶？」』

（註六）此據永樂大典目錄。

（註七）參閱前章陳廷傑名下引梁潛文。

（註八）見古今圖書集成（上海圖書集成局鉛印本）理學彙編經籍典第六卷，經籍總部彙考六頁五後。

（註九）見野獲編補遺卷一總裁永樂大典條。

（註一〇）見酌中志（海山仙館叢書）卷十八內板經書紀略附言。

（註　一）見文獻通考正續合編（原刻本）卷二十六頁二十八後。

（註　二）見韻石齋筆談卷上永樂大典條，知不足齋叢書本。

（註一三）見明史卷九十八，藝文志三，頁五；上海中華書局影殿本。

（註一四）見宸垣識略卷十六，識餘頁十八。光緒二年刻巾箱本。

第五章　永樂大典之錄副

永樂大典告蕆後，藏之文淵閣，（註一）『併命復寫一部，鋟諸梓，以永樂七年十月訖工，後以工費浩繁而罷。』（註二）及遷都北京，此書亦隨之入北京，貯之文樓。（註三）按姚福青溪暇筆云：（註四）『永樂辛丑（十九年，一四二一）北京大內新成，敕翰林院凡南內文淵閣所貯古今一切書籍，自有一部至有百部，各取一部送至北京，餘悉封識收貯如故。時修撰陳循如數取進，得一百櫃，督舟十艘，載以赴京。』大典之北來，殆即在此時歟。至弘治間（一四八八——一五〇五）藏之金匱，（註五）嘉靖三十六年（一五五七）四月十三日，奉天門幷三殿午門災，世宗急命挪救，移貯史館。（註六）經此次災後，蓋感於孤本存貯，難保無虞，至嘉靖四十一年（一五六二），遂有大典錄副之舉焉。

一　錄副之詳情

考世宗實錄（卷五百十二）：『嘉靖四十一年八月乙丑（十三日），詔重錄永樂大典，命禮部左侍郎高拱右春坊右中允管理國子監司業事張居正各解原務入館校錄。拱仍以侍郎兼翰林院學士同左春坊左諭德兼侍讀瞿景淳充總校官，居正仍以中允兼翰林院編修，同修撰林爌、丁士善、徐時行，編修呂旻、王希烈、張四維、陶大臨，檢討吳可行、馬自強充分校官。初文皇帝命儒臣彙粹秘閣書籍，分韻類載，以便檢考；供事編輯者三千餘人，爲卷凡二萬有奇，名曰永樂大典。書成，貯之文樓，其帙甚鉅。上初年好古禮文之事，時取探討，殊寶愛之。自後凡有疑却，悉按韻索覽，几案間每有一二帙在焉。及三殿災，上聞變，卽命左右趨登文樓出大典，甲夜中諭凡三四傳，是書遂得不燬。上意欲重錄一部，貯之他所，以備不虞，每爲閣臣言之。至是諭大學士徐階曰：「昨計重錄永樂大典兩處收藏，茲秋涼，可處理。」乃選各色善楷書人禮部儒士程道南等百餘人，就史館分錄，而命拱等校理之。』

姜紹書亦云（註七）：『嘉靖三十六年大內回祿，世宗急命那救，書幸未焚。敕閣臣徐文貞階復令儒臣照次摹鈔一部，當時供謄寫者一百八名，（註八）每人日鈔三葉，自嘉靖四十一年起，至隆慶元年（一五六七）始克告竣。』此錄副之大略也，而其詳則見於徐階世經堂集處理重錄大典諸疏。徐氏爲重錄書館之總裁官，自開工以迄完成，渠一人始終董其事。實錄云『嘉靖四十一年八月乙丑，詔重錄永樂大典，』蓋就開館之日而言，而是舉之發動，於是年七月十八日，世宗即面諭徐階承辦處理，次日階上疏陳重錄時應悉照原書册式云：（註九）

昨蒙皇上以重錄大典命臣處理。該臣回奏此書節帙甚多，而舊本繕寫甚精，今要此等繕書者殊難多得。等因。茲奉諭：典帙萬計，非歲月可完，今不必若式，只以經書册大便於匱置，書法亦不必拘止，要副其舊册，體皇祖之制焉。臣恭捧讀，仰知聖意：一則欲便於匱置，一則欲俯就書寫。今書者其勢自不能若昔；惟是册式一件，臣昨歲嘗恭閱大典，有大字，有小字，有篆隸草等字，又畫有山川、宮室、草木等項形象，若册式一動，則其行數字數與凡款格皆須更改，從新布置，恐不若仍從舊式，對本鈔寫之便宜也。臣愚見如此，伏乞聖明裁示遵行。

奏入，從之。明日降旨：『昨計重錄大典兩處收藏，茲秋涼，可處理。欽此。』於是階即遵命處理，着手重錄書館之組織矣。

重錄大典館之組織，內設總校官二員（註一〇）分校官十員，催儹收掌各二員，考取謄錄一百零九名，分爲十館，每人日鈔三葉。嘉靖四十一年（一五六二）八月，開館於朝門東西廊下。館務進行，概由徐階擘畫處理。其詳，可由左列徐氏三疏中得之：

處理重錄大典奏（世經堂集卷一六頁三十五）：

題臣階欽奉聖言『昨計重錄大典兩處收藏，茲秋涼，可處理。欽此。』臣等謹欽遵將處理事宜，開具上請，伏乞聖明裁定施行。謹題請旨。

計開：

一、重錄大典，每人一日約寫三葉，計每人每年可寫千餘葉。但簡帙數多，亦兩房官不及往時之半，中間況有年大不能細寫者，勢須添人同寫。合無照往年修書事例，敕下吏禮二部廣收繕寫之人，糊名考試，進呈定奪。仍議所以處之之方，上請聖裁。

一、每日所寫大典書葉，須逐一校對，遇有差錯，卽發與另寫。合無容臣等於翰林春坊官內，選舉勤愼精敏者數員，分理分事；仍照副總裁例，於堂上官內推舉二員，總理其事；各書職名於卷末，以便查考。

一、校書官幷寫書者，俱每日早於閣中領書，至晚交書，例該典籍二員收掌。但今書數既多，而典籍止有一員，合無容臣等於兩房官內選補典籍一員，仍擇勤愼者二員，不妨書寫，協同收掌。

一、催儹例用兩房官二員，合無容臣等選委。

一、合用紙劄筆墨桌凳等項、及酒飯等、幷取用人匠等、一應事宜，俟開館之日，另行題請。

嘉靖四十一年七月二十一日，奉聖旨：『是。』

處理重錄大典奏二（同上同卷頁三十六）

照得書寫官生，已該臣等幷吏禮二部題奉欽依考取，及總校分校收掌催儹等官，臣等各另具題外，所有開館合行事宜，臣等謹開坐上請，伏乞勅下各該衙門，查照施行。

計開：

一、凡修書例於朝門東西廊下開館，今合仍於是處書寫，內府內官監照例裝修，各置書櫃。幷查照總校分校收掌催儹等官及書寫官生數目，各給桌凳、火盆等項器用。

一、欽天監擇開館吉日。

一、內府司禮監奏請將大典每一千本作一次發出，交付收掌官，幷查照書數，按月支給官生紙劄、硃墨，及添撥界畫匠、研光匠，同見在閣紙匠張仲安等二十六名供役。

一、內府御用監撥畫匠。

一、內府惜薪司及工部照例給炭。

一、吏部撥送當該吏四名，總管書籍及查照館數，每館撥送當該吏二名，專管紙筆器用，啓閉館門等事。

一、刑部都察院查照總校分校收掌催儹官員數，按月量送中夾奏本手本等項紙筆應用。

一、錦衣衛撥送校尉六名，同見在館校尉梁玉等四名巡禁。

一、順天府查照各生數目，送給硯瓦水罐，仍按月送給筆墨。

一、光祿寺照例支給總校分校收掌催儹等官，幷書寫官生，及在館當該吏人匠校尉等酒飰。

一、翰林院照例支給書寫各生及當該吏月米。

嘉靖四十一年八月初一日奉聖旨：『是，該衙門知道。』

處理重錄大典奏三 同上同卷頁三十八

臣等看得今次所收書寫大典官生人數既多，品類又雜，必須設法稽考約束，庶得整齊，書亦易就。目今開館在邇，臣等謹欽遵聖諭，將處理事宜開坐上請，伏乞聖明裁示遵行。

計開：

一、官生一百九員名，分爲十館：所寫之書，總校官二員，總管各館；分校官十員，各管一館。除校對外，各要鈐束官生，勿容怠肆。有不服者，開送臣等以憑參治。

一、催儹官收掌官俱總管各館，催儹官總置簿一扇，開列各官生職名，每日責令晝卯晝酉。收掌官每館置簿一扇，登記各館生所領書數，先將官生職名開列簿面，其簿內按名次寫某人領書一本卷幾至卷幾；寫完之日，卽於下注某月日寫完。領書之時，務照名次逐本給與，不許攙越紊亂，以杜規避，以便查考。其官生有無故不到、及私自出外者、聽催儹官，有領書不依次者聽收掌官，各開呈臣等，以憑參究。

一、大典係秘書，況無副本，催儹收掌官務要督率各館當該及校尉稽察官生，不許潛帶出外，雇人代寫，致有疎失。違者卽便開呈臣等，以憑參治。

一、收掌官會同催儹官每館置簿一扇，按月登記各官生所寫書葉。除題奉欽依每日須寫三葉每人須足五千葉外；其論葉數須以實寫之字扣算，凡圖畫等項不許概作葉數混開。如遇差錯發與另寫，不拘一次二次，只算一葉，其論行數，雙行小字，只隨大字作一行計算。如官生混報，罪坐官生。收掌催儹官縱容作弊，罪坐各官。

嘉靖四十一年八月初三日奉聖旨：『是，着總校等官嚴加程督！』

觀右列三疏，可知大典錄副之不苟，『如遇差錯發與另寫，不拘一次二次，』其鄭重爲何如耶？據今存殘本觀之，其間絕無塗改挖補之跡，知當時校讎之認眞矣。

總校官二人，嘉靖四十一年八月初三日降旨派禮部左侍郎兼翰林院學士高拱，及左春坊左諭德兼侍讀瞿景淳兼充。拱奉旨後，即上疏稱謝云：（註一二）

奏為感激天恩恭陳謝悃事：嘉靖四十一年八月初三日，准吏部咨該內閣題為重錄大典事，奉聖旨以臣拱兼翰林院學士充總校官。備咨到臣。職親地邃，恩鉅人微，榮動縉紳，感徹心骨。除赴鴻臚寺報名廷謝外，謹稽首頓首稱謝者：伏以寶謨載錄，幸窺雲漢之章；玉署重躋，曲荷乾坤之造。蓋東壁圖書，先猷特重，而北扉班序，昭代最優。有何異能，臻茲殊簡？恭遇我皇上道通三極，功冠百王，煥乎文章，兼聖明之作述，丕哉承顯，覲文武之烈光。仰維成祖之閎編，不啻周家之大訓，特書善本，副在秘藏，顧緗帙縹囊，動逾萬卷，且赤文綠字，體備諸家，模寫譬則繪天，披閱猶之觀海。以領是任，必需其人！臣才不通方，愧揚雄之識字，學徒稽古，慚劉向之洽聞；乃被選掄俾參綜理：抽書金匱，縱瞻天府之星辰，分直石渠，親踐蓬山之雲氣。典司既美，名秩仍華。不意駑乘夤負之材獲遘附翼攀鱗之會，敢不奮策綿力，鳩率衆工，染翰鳳池，聽春蠶於筆陣，雠文虎觀，搜亥豕於墨莊，更加嚴省於日時，罔致虛糜於餼廩。裒成竹素，垂托汗青，備千載文獻之徵多而益善；廣一人繼述之孝，傳之無窮。庶將顯效之忠，仰報非常之遇。臣無任。觀『敢不奮策綿力，鳩率衆工，染翰鳳池，聽春蠶於筆陣，雕文虎觀，搜亥豕於墨莊，更加嚴省於日時，罔致虛糜於餼廩；』其責任心可見。高氏殆亦非徒擁虛名者已！從此開館摹鈔，人日三葉，成功之期，自可指日而待矣。

二　副本之完成

重錄副本，雖無編纂之煩，然書手有限，摹寫遲緩，故至穆宗隆慶元年（一五六七）四月始畢，爲時將及五載，比重修大典，猶多二年。噫，亦難矣！

副本告成後，所有在館職員，俱陞爵賚賞有差。穆宗實錄（卷七）云：『隆慶元年四月庚子（十六日），以重錄永樂大典成，加少師兼太子太師吏部尚書建極殿大學士徐階正一品俸；少保兼太子太保吏部尚書武英殿大學士李春芳、郭樸，少保兼太子太保禮部尚書武英殿大學士高拱，各加少傅兼太子太傅禮部尚書兼文淵閣大學士陳以勤，加太子太保吏部左侍郎兼東閣大學士張居正，陞禮部尚書兼武英殿大學士；原任太子太保吏部尚書兼武英殿大學士嚴訥，給應得誥命。總校等官禮部左侍郎瞿景淳兼翰林院學士，陞俸一級；國子監祭酒林燫陞太常寺卿，管祭酒事；侍讀呂旻、王希烈、修撰諸大綬，俱左春坊左諭德，修撰丁士美右春坊右諭德，各兼侍讀；大綬士美仍加俸一級；編修孫鋌爲左春坊左中允，張四維右春坊右中允，各兼編修，仍與五品服色；修撰馬自強、編修陶大臨俱侍讀；侍郎汪鏜陞俸一級；吏部左侍郎秦鳴雷賞銀二十兩、紵絲二表裏；南京國子監祭酒胡杰，銀十兩、一表裏；諭德姜金和，修撰徐時行，各十兩、一表裏；閒住學士王大任，檢討吳可行，各復職致仕；制勅房郎侍王槐俸二級，郎中季芮左監正叢恕，俱河南右參議；右寺丞顧從禮，光祿寺少卿，與四品服色；周維藩、吳自成俱尚寶司少卿兼侍書；餘各加俸秩。及書寫儒生，以次授職給賞有差。已而階等各上疏辭免恩命，俱優詔不允。』按徐階辭重錄大典成加俸疏，見所著世經堂集（卷九頁三十一），玆錄之如左：

該吏部節奉手敕『玆重錄大典成，足慰我皇考尊祖右文至意，內閣輔臣綜理閱校，著有勞績。少師兼太子太師吏部尚書建極殿大學士徐階，着加正一品俸。欽此。』移咨到臣，臣伏思大典之重錄，昔蒙先帝親灑宸翰諭臣處理，臣時每覩卷帙之浩繁，輒私憂校錄之難就；至昨歲龍馭上賓，臣益懼事不克竟，無以上副先帝所以委任愚臣者，日夜惶惶，以爲大恐。乃茲仰賴皇上以先帝尊祖之心爲心，以先帝右文之事爲事，覃力畢校，用底於成，臣獲藉手以復先帝，此其感幸已不自勝矣。敢更首塵恩命，厚叨俸入，增踰涯之愧，重素餐之愆耶？況國家之制，正一品月支米八十七石，一歲爲米千石有奇；今太倉空虛，百姓窮困，此千石者積之於廩，則足以資國用，蠲之於下，則足以裕民生。仰惟皇上方崇恭儉之德，行節省之政，而臣既不能少有贊襄，又耗蠹焉，輾轉思惟，尤所不敢。伏乞聖明俯鑒悃誠，特賜俞允，俾臣照舊支俸供職，則臣心所安，卽聖恩所注，固不必食之加豐也。臣無任祈懇之至！

此疏後並附言：『隆慶元年四月十八日奉聖旨，「書成加俸，朝廷舊典，宜承恩命，不允辭，該部知道。」』觀此，蓋誠如實錄所云，『俱優詔不允』矣。

又重錄本之部數，究是一是二，亦有足辨者：世宗實錄明云『上意欲重錄一部』，徐階各疏雖未明言，然亦可由書手一百零九名，每日每人須寫三葉，每人須足五千葉之數，推之而得。按大典每册自十餘葉至三十餘葉不等，折衷計算，通以二十五葉爲準，則一人所寫五千葉，卽爲二百本，一百零九人合計之，共得一萬一千八百本；而大典原册爲數一萬一千九十五，所多無幾，可謂符合；則重錄本止一部，彰彰明甚。四庫總目謂『重錄正副二本』，並注云『事見明實錄』，按今實錄俱在，並無其文，可知其言誣矣。總目又從舊京詞林志，謂『仍歸原本於南京』，蓋亦爲無稽之談。觀姚福云：（註一二）『至正統己巳（十四年一四四九），南內大災，文淵閣向所藏之書，悉爲灰燼。』正統己巳在隆慶元年前一百一十九年，彼時南內卽燬於火，則百餘年後，齋送大典，將何所貯？重錄之意，固在兩處收藏，以保無虞，然亦決不致置祖宗珍貴之物於曠遠閒散之地。孫承澤云：（註一三）『正本貯文淵閣，副本貯皇史宬。』此乃均指北京而言。總目因欲兼合孫氏之說，遂云重錄正副二本，仍歸原本於南京；殊不知正本卽原本，副本卽重錄本，物固不異，記者引用之名互有不同耳。總目不察，以致後人襲其成說，紛紛以爲當時已有三部，卽原本、正本、副本；余撰四庫全書纂修考時，不及細考，竟亦從之，是眞誤人不淺也。

（註一一）見鄭棠道山集卷二樂府大聖樂：『文淵東閣，前朝祕監，東觀石渠。下閣九間藏大典，上閣牙籤縹帙百二層廚。內閣入進文樓，左備顧問，御覽圖書；職親禁地，昭回天下，奎璧星如；典籍獨員職，掌人道是瀛館一儒儒。常校讎檢閱，十年凡三考，僅一陞除。轉遷史職，又留署事，好似書中蟫蠹魚，臺閣久。把道山自號，名幾曾虛。』

（註二）語見四庫全書總目提要。「訖工」句下原注：『案事見明趙友同存軒集送禮部員外郎劉公復命序；』「而罷」句下原注：『案事見舊京詞林志。』

（註三）案事見明世宗實錄總目謂文樓卽清之宏義閣。

（註四）見陶廷說郛續卷十八。

（註五）見姜紹書韻石齋筆談卷上。

（註六）見世宗實錄。三殿災，並見沈德符野獲編卷四宮殿被災條。

（註七）見同註五。

（註八）按實爲一百九名，見下引徐階處理重錄大典奏三，此殆又屬字畫之譌。

（註九）此爲徐氏答重錄大典諭疏（見所著世經堂集卷二頁二十六後，康熙二十年重刊本）題下偏署「嘉靖四十一年七月十九日」，蓋卽上疏之日也。

（註一〇）接徐階奏疏言總校官二員，但按今存大典殘本，除高拱瞿景淳外，充總校官者尙有陳以勤、王大任、秦鳴雷、胡正蒙等，殆開館後又復續增歟。

（註一一）見所著高文襄公集（康熙二十八年重刻本）第二册獻忱集卷二頁十三後，原題謝兼學士充大典副總裁疏。

（註一二）語在青溪暇筆，見同註四。

（註一三）見春明夢餘錄卷十二文淵閣條。

第六章　永樂大典之厄運

一　大典在明代之沉晦

有明一代，永樂大典禁貯中秘，迄未能入於著述家之目。即成祖敕纂，雖云便於考索，如探囊取物，然告成後，未幾遷都北京，往來無定，且犂庭四出，多修馬上之業，亦未暇尋討。嗣後仁宗、宣宗、英宗、景帝、憲宗諸帝，更未聞有簡閱展視者。惟孝宗最好讀書，『經筵之外，每觀永樂大典，又嘗索太極圖西銘等書于宮中玩之尤嗜』（註一）弘治間（一四八八——一五〇五）命錄大典藥物禁方，賜御醫房諸臣，時閣臣王鏊曾恭撰御賜禁方頌，以紀其事。尋孝宗又以大典金匱秘方外人所未見者，乃親灑宸翰，識以御寶，賜太醫院，此爲大典用於社會之第一次，故王鏊復恭撰御書秘方贊，以揄揚盛美云：（註二）

今上皇帝萬幾之暇，留心翰墨，間閱永樂大典，得金匱秘方，外人所未覩者，乃親御宸翰，識以御寶，賜太醫院使臣玉，蓋欲推之以福海內也。昔唐文皇飛白賜羣臣，宋太宗書賜蘇易簡，當時以爲盛事；然豈若臣玉之被是賜也，奎章照耀，又以寓濟物之仁焉。臣鑿預觀，稽首而作贊曰：

聖仁御極，萬幾日般，乙夜孜孜，古今縱觀。大典洋洋，有方中秘，有觸聖心，欣然如契。曰唯四海，豈無一人夭閼札瘥，舉功予身。乃紬秘方，乃御宸翰，玉版霞舒，天機雲爛。噫嘻爾玉，職內藥房，尙推予仁，嘉惠萬方。玉拜稽首，受言藏之，唯皇之仁，儼其將之。昔有神農，始嘗醫藥，亦有羲皇，肇開畫卦；藥以起死，卦以昭矇，二者合一，孰知其功？唐宋兩宗，賜侈飛白，豈如我皇，懷民之瘼！巍焉新樓，御書在焉；何以知之，虹光燭天。

至世宗即位，亦頗嗜大典，『旂扆乙覽，必有數十帙在案頭。』（註三）及三殿災，亟命救出，幸未被焚，遂詔閣臣徐階照式摹鈔一部，以防不測；至隆慶改元副本成，兩處收藏，從此終明之季沉晦不復聞矣。

此書卷帙浩繁，又貯藏禁中，外人終難得見。故至神宗萬曆二十二年（一五九四）春，南祭酒陸可教上疏請刻大典，分貯南北兩監，俾廣流傳，以成一代盛事。略云（註四）：

……永樂年間搜羅盡天下之書，纂校盡廷臣之力，輯爲大典，未及頒布。嘉靖間復以卷帙損壞，重煩謄寫，亦未印行。皆以板刻繁多，工力不貲之故。以職等愚慮，切謂不煩工費，可以坐致成書。謂宜於各巡按出差之時，量齎一二十册，如式刊行。工完之日，亦具正副：一送內閣，一送兩監。十數差後，便可完書。書傳四遠，永永不絕，不負文皇帝纂輯初意。此又非監胄之私幸也。伏乞聖裁。

奏入，議允未行。據沈德符云：（註五）『甲午（萬曆二十二年）春，南祭酒陸可教有刻書一疏，謂文皇帝所修永樂大典，人間未見，宜分頒巡方御史，各任一種，校刊彙成，分貯兩雍，以成一代盛事。上即允行，至今未聞頒發也。按此書至二萬餘卷，即大內止寫本一部，至世宗重錄以備不虞，亦至穆宗朝始告竣，效勞諸臣俱敘功優陞。若付梨棗，更豈易言？』阮葵生亦云：（註六）『當時議允，終未頒行。』是僅有之付印之議，而終托諸空言也。

嗣後部分刊刻，間或有之。錢天樹曰（註七）『大典全書多至二萬二千八百七十七卷，雖文皇之勢力，亦憚於刊刻；惟崇禎二年己巳五月朔因日食時刻不驗，侍郎徐光啓奏請開設曆局用西洋測法，命只刻日蝕一類行世，今亦不可多見矣。』是刻本僅此而已。嗟呼，大典之在明代，賴孝宗世宗得如卿雲之一見，嗣後直至明亡，迄未入著述家之目，甚可惜也！

二　正本被燬及記載之辨證

大典副本完成後，正本貯文淵閣，副本貯皇史宬。考彭時可齋筆記云（註八）『文淵閣在午門之內迤東，文華殿南（面）磚城，凡十間，皆覆以黃瓦。西五間中揭文淵閣牌，牌下置紅匱藏實錄副本，儘前楹設凳東西坐，餘五間皆後列書匱，隔前楹爲退休所。』呂毖明宮史云（註九）『東長街則有廣順門，中和門，……再南街東則皇史宬，珍藏太祖以來御筆實錄，緊要典籍，石室金櫃之書，此其處也。皇史宬每年六月初六日奏知，曬晾，司禮監第一員監官提督，督其事而稽覈之，其看守則監工也。左右小門曰𨮁歷左門，曰𨮁歷右門。』孫承澤春明夢餘錄（卷十三）亦云『皇史宬在重華殿西，建於嘉靖十三年。(註一〇)門額以史爲吏，以成爲宬，左右小門曰⿰龍書歷，以龍爲⿰龍書，皆上自製字而手書也。』大典貯此二地，蓋即世宗實錄所謂『兩處收藏』者也。隆萬以還，邊疆多事，君庸臣沓，無人過問，意此二部即置高閣飽蠹魚矣。至明末劉若愚作酌中志，已謂『不知此二部今又見貯於何處，』劉爲宮中內臣，竟未悉其所在，其寂寞更可知焉。

四庫總目云：『明祚既傾，南京原本與皇史宬副本俱燬。』吾人已考定南京並無原本之藏，此點可置不論。再驗之今存大典殘帙，均嘉靖重錄本，則明末所燬者，乃文淵閣正本，非皇史宬副本也。其被燬詳情，不可得知，但以姜紹書之言度之，殆燬於崇禎甲申（十七年，一六四四）李自成之入都乎？姜氏之言曰：(註一一)

> 內府祕閣所藏書甚寥寥，然宋人諸集十九皆宋版也。書皆倒摺，四周外向，故雖遭虫鼠嚙而未損。但文淵閣制既庳狹，而牖復暗黑，抽閱者必秉炬以登。內閣輔臣無暇留心及此，而翰苑諸君世所稱讀中祕書者，曾未得窺東觀之藏。至李自成入都，付之一炬，良可嘆也！

此雖未明言大典，然大典既在閣中藏貯，則必於此時被燬無疑。同時副本亦散佚十之一，法式善云：

(註一二)『相傳爲李自成所摧殘。』又謂『不知原書今歸何所，竟無人知之，是可怪也。』其『竟無人知之』者，可知入淸以後，正本卽早已散亡也。

然又有持異說者，謂入淸以後，二本俱在，正本貯乾淸宮，副本則由皇史宬以移入翰林院。如全祖望云：(註一三)

> 曁我世祖章皇帝萬幾之餘，嘗以是書（永樂大典）充覽，乃知其正本尙在乾淸宮中。顧莫能得見者。及聖祖仁皇帝實錄成，詞臣屏當皇史宬書架，則副本在焉，因移貯翰林院。然終無過而問之者。……會逢今上（世宗）纂修三禮，予始語總裁桐城方公，鈔其三禮之不傳者，惜乎其缺失幾二千册。予嘗欲奏之今上，發宮中正本以補足之，而未遂也。

而張廷玉云：(註一四)『此書原貯皇史宬，雍正年間移置翰林院，予掌院時，因得寓目焉。書乃寫本，字畫端楷，裝飾工緻，紙墨皆發古香。』此與全氏所云，副本由皇史宬移貯翰林院，語若相合，然不及正本。全氏云正本在乾淸宮者，蓋傳聞之辭耳。

至禮親王昭槤謂皇史宬所藏者乃大典正本，亦屬諸傳聞，未可置信。如云：(註一五)『皇史宬在東華門外迤南，與普度寺相近，蓋明南內地也。殿廡七楹，扉牖楹楣以石代之，內存金漆櫃數十，蓋古金匱石室之意。凡列代實錄、玉牒、聖訓，皆藏其中，設旗員年老者八人守之，地甚嚴密。余於丁卯（嘉慶十二年，一八〇七）冬奉迎純皇帝實錄，曾一至其地，嘗聞徐崑山先生述聞李穆堂侍郎言，中藏全分永樂大典，較今翰苑所貯者多一千餘本，蓋即姚廣孝解縉所修初本，繕寫精工，非隆慶間謄本之所能及。惜是日匆匆瞻禮，不得從容繙閱，未審是書尙存與否也？』昭槤既未親睹，所述概係徐崑山聞李穆堂之言，然全祖望曾以穆堂力得借閱大典，鈔出書數種，當知之最悉，而全氏所述正本乃如彼，昭槤所述正本又如此，可知俱屬諸傳聞，不足憑也。

總之，清人入關以後，大典所存者僅一部，即爲由皇史宬移貯翰林院之副本也。蕭穆述江建霞於甲午年（光緒二十年，一八九四）召見時，『奏言能以永樂大典石印尤善，上深以翰林院所藏之書殘剩無幾爲惜，建霞又奏言皇史宬藏本可據，上諭已經敕查，並無此書。』（註一六）可爲又一左證。設使正本尙存乾隆時開館纂修四庫全書，網羅逸書之令，徧於國中，對於翰苑所貯之大典副本，特命臣下校輯，紀昀等屢嘆其缺而不全，豈有當日貯正本於宮中，而不一差人查視之理？全祖望既未見乾清之書，昭槤亦得諸傳聞，建霞更憑前人傳說，言其可據耳。繆荃孫不察，竟依全氏正本在乾清之說，謂『嘉慶丁巳（二年一七九七）乾清宮災正書遂燬』（註一七）是又未深考者也。

（註一）語在王鏊震澤集卷二十頁三講學篇，文津閣四庫全書本。

（註二）見震澤集卷三十二頁二。御賜禁方頌，見同上頁一。

（註三）語在沈德符野獲編補遺卷一。

（註四）見所著陸學士先生遺稿卷九申飭監規疏。

（註五）見野獲編卷二十五國學刻書條。

（註六）見所著茶餘客話卷六頁九，藝海珠塵土集本。

（註七）見永樂大典書目殘本錢氏跋。鈔本一册，國立北平圖書館藏。

（註八）此據朱彝尊日下舊聞卷六頁十八所引。另有勝朝遺事本彭文憲公筆記（頁八後，）字句稍有異同。

（註九）見明宮史卷一頁四，文津閣四庫全書本。

（註一〇）又徐階世經堂集卷十六頁七明故大中大夫太僕寺卿石溪毛公墓誌銘云：『嘉靖甲午（十三年，）遷祠祭郎中，當是時天子方建九廟及大內諸工，其儀文規度多出公畫；……皇史宬訖工，詔加俸一等。』按石溪名渠，字公澤，石溪其別號，東萊掖人也。

（註一一）見韻石齋筆談卷上祕閣藏書條。

（註一二）見所著存素堂文續集卷二校永樂大典記。

（註一三）見鮚埼亭集外編卷十七鈔永樂大典記。

（註一四）見所著澄懷園語卷三頁七，玉雞苗館叢書本。

（註一五）見所著嘯亭雜錄第十册，續錄卷一皇史宬條清鈔本，國立北平圖書館藏。

（註一六）見國粹學報七十期文篇，外蕭穆記天祿琳瑯目錄三四兩編本。

（註一七）見所著藝風堂文續集卷四永樂大典考。

第七章　清乾隆間之永樂大典

一　四庫開館時大典之露面

永樂大典自纂成後，沉晦二百六十餘年，直至清高宗乾隆三十八年（一七七三）四庫開館，始嶄然露面，入於著述家之目矣。

先是前一年正月，高宗下詔搜訪遺書，欲彙合四部，編一空前巨帙，以彰千古同文之盛。是年冬安徽學政朱筠上奏，請校永樂大典，擇其中人不常見之書，輯之以備著錄。略云：（註一）

臣在翰林，嘗翻閱前明永樂大典，其書編次少倫，或分割諸書，以從其類。然古書之全，而世不恆覯者，輒具在焉。臣請敕擇取其中古書完者若干部，分部繕寫，各自爲書，以備著錄。書亡復存，藝林幸甚！

高宗覽奏異之，下軍機大臣議行。惟不爲劉統勳所喜，謂爲非政之要，欲寢其事，而于敏中善之，與劉力爭，始得入奏。略云：（註二）

……查永樂大典一書，係明永樂初年所輯，凡二萬二千九百餘卷，共一萬一千九十五册，最稱浩博。舊存皇史宬，復經移置翰林院典籍庫。扃貯既久，卷册又多，即官隸翰林者，不得徧行檢閱。今該學政所奏，亦祇係約略大凡，於原書未能悉其梗概。臣等因派員前往庫內逐一檢查，據稱此書移貯之初，本多缺失，現存在庫者共九千餘本，較原目數已懸殊。復令將原書目錄六十本取出，逐細閱看：其書大指係用韻以統字，用字以統事，將平上去入韻字爲綱，依次編序；凡經史子集等部，或依其音，或從其類，隨字收載，多係割裂瑣碎。但查原書採取各種爲數甚夥，其中凡現在流傳已少不恆經見之書，於各卷中互相檢勘，有足裨補缺遺，津逮後學者，亦間有之。若一概屏爲陳册，不爲分別檢查，殊非採購遺書本義。惟是卷帙繁多，所載書籍又多散列各韻之中，非一時所能核定。相應奏明，容臣等就各館修書翰林等官內酌量分派數員，令其陸續前往，將此書內逐一詳查，其中如有現在實無傳本，而各門湊合尚可集成全書者，通行摘出書名，開列清單，恭呈御覽。伏請訓示遵行！

乾隆三十八年二月初六日奉旨『依議。欽此』同日高宗復降諭：（註三）『昨據軍機大臣議覆朱筠條奏內將永樂大典擇取繕寫各自爲書一節，議請分派各館修書翰林等官，前往檢查。恐責成不專，徒致歲月久稽，汗青無日。蓋此書移貯年深，既多殘闕，又原編體例，係分韻類次，先已割裂全文，首尾難期貫串。特因當時採撫甚博，其中或有古書善本世不恆見，今就各門彙訂，可以湊合成部者，亦足廣名山石室之藏。著即派軍機大臣爲總裁官，仍於翰林等官內選定數員，責令及時專司查校，將原書詳細檢閱，並將圖書集成互爲校覈，擇其未經採錄而實在流傳已少，尚可裒綴成編者，先行摘開目錄奏聞，候朕裁定。其應如何決定規條，即著派出之大臣詳悉議奏……』觀於此，可知高宗對於校輯大典，固甚關心也。

軍機大臣奉諭，當即派員將貯存翰林院之大典副本，檢出目錄及正文首套各十本，於二月初十日進呈御覽，並奏云：（註四）

臣等查永樂大典原書共一萬一千餘本，今現存九千餘本，叢雜失次，一時難以遍查。今謹將目錄六十本內，檢出首套十本及全書內首套東冬字韻十本，一併檢出，先行進呈御覽。謹奏。

高宗覽畢，於次日頒旨：（註五）『昨據軍機大臣議覆朱筠條奏校核永樂大典一摺，已降旨派軍機大臣爲總裁，揀選翰林等官，詳定規條，酌量辦理。茲檢閱原書卷首序文，其言採綴蒐羅，頗稱浩博，謂足津逮四庫及覈之書中，別部區函，編韻分字，意在貪多務得，不出類書窠臼。是以踳駁乖離，於體例未能允協。卽如所用韻次，不依唐宋舊部，惟以洪武正韻爲斷，已覺凌雜不倫；況經訓爲羣籍根源，乃因各韻轇轕，於易先列蒙卦，於詩先列大冬，於周禮先列冬官。且採用各字，不論易書詩禮春秋之序，前後錯互，甚至載入六書篆隸眞草字樣，摭拾米芾趙孟頫字格，描頭畫角，支離無謂。至儒書之外，闌入釋典道經，於古柱下史專掌藏書，守先待後之義，尤爲鑿枘不合。朕意從來四庫書目，以經史子集爲綱領，裒輯分儲，實古今不易之法。是書旣遺編淵海，若準此以採擷所登，用廣石渠金匱之藏，較爲有益。著再添派王際華裘曰修爲總裁官，卽令同遴簡分校各員，悉心酌定條例，將永樂大典詳悉校核：除本係現在通行及雖屬古書而詞意無關典要者，不必再行採錄外；其有實在流傳已少，其書足資啓牖後學、廣益多聞者，卽將書名摘出，撮取著書大旨，敍列目錄進呈，候朕裁定，彙付剞劂。其中有書無可採，而其名未可盡沒者，祗須注出簡明略節，以佐流傳考訂之用，不必將全部付梓。副朕裨補闕遺，嘉惠士林至意。再是書卷帙如此繁重，而明代蕆役僅閱六年，今諸臣從事釐輯，更是棄多取少，自當刻期告竣，不得任意稽延，徒誚汗青無日。仍將應定條例，即行詳議繕摺具奏。』軍機大臣劉統勳等奉旨，遵即議奏云：（註六）

臣等伏查永樂大典一書，成自前明，但誇摺拾之繁，未協編摩之式，雖善本之流存不少，而遺編之叢雜猶多。仰蒙論斷精微，折衷至當，欽承訓諭，獲奉準繩，竊惟採錄固在無遺，而別擇尤宜加審，今欲徵完册以副秘書，則部分去取之間，不可不確加詳核。……再查翰林院衙門內，現有迤西房屋一區，從前修輯皇清文穎及功臣傳各書，皆在此纂辦，今奉旨校核永樂大典，應請即將此項房屋作為辦事之所，於檢查較為近便。惟是此項書籍幾及萬本，篇帙浩大，頭緒紛繁，所有查校人員，必須多為派出，分頭趕辦，方能迅速排纂，剋期集事。臣等謹遵旨於翰林等官內選其堪預分校之任者，酌選三十員，專司查辦，仍即令辦事。翰林院並酌派軍機司員一二員，作為提調，典簿廳等官，作為收掌，常川在署經理，催趲，毋致稍有作輟。……至此書卷册繁重，出入搬運，需人執役；翰林院原設供事人等，額數有定，不敷派撥，應請酌設供事十名，皂役四名，紙匠二名，以供差遣。……該員等責成既專，自可作速釐訂成書，不致有稽時日。為此謹奏。

據此云選取翰林二十人專司查辦，但考諸四庫全書總目提要卷首所載，當時充校勘永樂大典纂修兼分校官者實爲左列三十九人：

劉校之　劉躍雲　陳昌圖　勵守謙　藍應元　鄒玉藻　王嘉曾　莊承籛　吳壽昌
劉　湄　吳　典　黃　軒　王　增　王爾烈　閔思誠　陳昌齊　孫辰東　俞大猷
平　恕　李堯棟　鄒炳泰　莊通敏　黃壽齡　余　集　邵晉涵　周永年　戴　震
楊昌霖　莫瞻菉　王坦修　范　衷　許兆椿　于　鼎　王春煦　吳鼎雯　吳省蘭
汪如洋　陳萬青　祝　堃

與劉統勳等原摺多九人者，蓋四庫開館後續有添派耳。於是派出之右列三十九人，即在翰林院原心亭內（註七）將永樂大典『分目校勘，先爲發凡起例，俾識所從事：蕪者芟之，龐者釐之，散者裒之，完善者存之，已流傳者弗再登，言二氏者在所擯，取精擇醇，依經史子集爲部次，』（註八）開始遺逸之輯錄矣。高宗復製七言八韻詩，以紀其事，詩云：（註九）

大典猶看永樂傳，搜羅頗見費心堅。兼收釋道欠精覈，久閱滄桑惜弗全。未免取裁失踳駁，要資稽古得尋沿。貪多遂至六書混，割裂都緣正韻牽。彼有別謀漫深論，我惟愛古命重編。詞林排次俾分任，綸閣鉛黃更總研。何不可徵惟杞宋，寧容少誤致天淵。崇文籍以備四庫，摛什因而永萬年。

大典在明代埋沒二百餘年，不意至清高宗稽古右文，纂修四庫全書，擇其中重要者輯之，雖棄多取少，然使此少數湮而復彰，亦可爲不幸中之幸矣。

二　當時大典存缺之實況

四庫開館時，翰林院所貯之永樂大典，據四庫全書總目提要云，已殘闕二千四百二十二卷。惟此殘去之二千餘卷，館臣未及其目，後世稽考大典存佚者，深以爲憾。民國二十年（一九三一）冬，國立北平圖書館收得大典目一本，上有翰林院印，目中於存佚各卷，詳爲注明，通計佚去者得二千二百七十四卷。此目入聲自八陌以下殘去，凡缺四韻，佚去若干卷不可知。總數與二千四百二十二卷甚近，蓋此目卽乾隆時館臣檢查之底册也。茲據之製爲左表，藉知四庫修書時大典存缺之實況，並可覘其輯佚之價値焉。

四庫修書時大典存缺一覽表（註一〇）

聲目	韻目	各韻實存數		各韻實缺數	
		册數	各韻存卷起訖	各韻缺卷起訖	卷數
平聲	一 東	二九〇	一——六七五		
	二 支	二五九	六七六——六九七 七二〇——一二四四	六九八——七一九	二二
	三 微	七六	一四四五——一四四七 一四六八——一五〇二	一四四八——一四六七	二〇

四	齊	四四	一五〇三——一五二九 一五五二——一六〇四	一五三〇——一五五一	二二
五	魚	一八〇	一六〇五——一六三五 一六六〇——一七二〇 一七四一——一九三六 一九五九——一九八〇 二〇二二——二一二八	一六三六——一六五九 一七二一——一七四〇 一九三七——一九五八 一九八一——二〇二一	二四 二〇 二二 四一
六	模	一三〇	二一二九——二四〇八	二四〇九——二四六一	五三
七	皆	七〇	二四七四——二六三三	二四六二——二四七三 二六三四——二六六一	一二 二八
八	灰	五九	二六九七——二八二九	二六六二——二六九六 二八三〇——二九〇五	三五 七六

九 眞	二七〇	二九一四——三〇二五 三一〇九——三二四〇 三二八四——三六〇三	二九〇六——二九一四 三〇二六——三一〇八 三二四一——三二八三	九 八三 四三
十 寒	一九〇	三六〇四——三六四三 三六四五——三六八五 三七〇八——三七四九 三七七二——四〇四五	三六四四—— 三六八六——三七〇八 三七五〇——三七七一	一 二三 二二
十一 删	一三〇	四〇四六——四三八八		
十二 先	四〇〇	四三八九——五二一七		
十三 蕭	一三〇	五二一八——五四二五		
十四 爻	九〇	五四二六——五五八〇 五五八三——五六〇六	五五八一——五五八二	二

十五歌	六〇	五六〇七——五七四一		
十六麻	七〇	五七四二——五八四三 五八六四——五九三八	五八四四——五八六三	二〇
十七遮	二〇	五九三九——五九六九		
十八陽	七二〇	五九七〇——五九八二 六〇二二——六〇六〇 六〇七〇——六一七六 六二一九——六三六〇 六三八三——六五八四 六六〇三——七二六二 七二八五——七五七三 七五九六——七六一六 七六三九——七六七二	五九八三——六〇二一 六〇六一——六〇九九 六一七七——六二一八 六三六一——六三八二 六五八五——六六〇二 七二六三——七二八四 七五七四——七五九五 七六一七——七六三八	三九 三九 四二 二二 一八 二二 二二 二二

十九庚	四二〇	七六七三—七七一二 七七三六—七七八二 七八四五—八二七九 八三〇一—八三一八 八三三六—八三四五 八三四八—八三五三 八四一三—八四七七 八五〇六—八七二〇 八七八二—八八三八	七七一三—七七三五 七八二三—七八四四 八二八〇—八三〇〇 八三一九—八三三五 八三四六—八三四七 八三五四—八四一二 八四七八—八五〇五 八七二一—八七八一	二三 二三 二一 一七 二 五九 二八 六一
二十尤	二五〇	八八三九—九一一七 九一三七—九二五一 九二八四—九三二二	九一一八—九一三六 九二五二—九二八三	一九 三二

二十一侵	九〇	九三二三——九三七三 九三九五——九四三四 九四五八——九四九九 九五一六——九五三九	九三七四——九三九四 九四三五——九四五七 九五〇〇——九五一五	二一 二三 一六
二十二覃	一〇〇	九五四〇——九七七八		
二十三鹽	一二〇	九七七九——九八七九 九八九七——一〇〇〇四 一〇〇二五——一〇〇三四	九八八〇——九八九六 一〇〇〇五——一〇〇二四	一七 二〇

上聲

一董	三〇	一〇〇三五——一〇〇六〇 一〇〇八一——一〇一〇七	一〇〇六一——一〇〇八〇	二〇
二紙	八〇	一〇一〇八——一〇一二〇 一〇一二三——一〇二一二 一〇二五四——一〇三一二	一〇一二一——一〇一二二 一〇二一三——一〇二五三	二 四一
三尾	一〇	一〇三一三——一〇三二七		
四濟	一四〇	一〇三二八——一〇五五二		

五語	一二〇	一〇五五三—一〇六九二 一〇七一二—一〇八〇九	一〇六九三—一〇七一一	一九
六姥	九〇	一〇八一〇—一〇八三四 一〇八五五—一一〇一七 一一〇二九—一一〇三二	一〇八三五—一〇八五四 一一〇一八—一一〇二八	二一 一一
七解	二〇	一一〇三三—一一〇六五		
八賄	六〇	一一〇六六—一一一八三		
九軫	五〇	一一一八四—一一一九五 一一一九九—一一二八九	一一一九六—一一一九八	三
十罕	二〇	一一二九〇—一一三一五		
十一產	四〇	一一三一六—一一三四八 一一三七〇—一一四二〇	一一三四九—一一三六九	二一
十二銑	一〇	一一四二一—一一四三〇 一一四七一—一一四八二	一一四三一—一一四七〇	四〇

十三篠	四〇	一一四八三——一一五二二 一一五四一——一一五四九	一一五二三——一一五四〇	一八
十四巧	四〇	一一五五〇——一一六二八		
十五哿	一〇	一一六二九——一一六四九		
十六馬	九〇	一一六五〇——一一六九〇 一一七一一——一一七二六	一一六九一——一一七一〇	二〇
十七者	三二	一一七二七——一一八二五		
十八養	五八	一一八二六——一一九二一		
十九梗	四〇	一一九二二——一二〇〇五		
二十有	四〇	一二〇〇六——一二〇一八 一二〇四三——一二〇八一 一二一二六——一二一五二	一二〇一九——一二〇四二 一二〇八二——一二一二五	二四 四四
二十一寢	一〇	一二一五三——一二一七三		
二十二感	一〇	一二一七四——一二一九七		

去聲

二十三琰	二〇	一二一九八—一二二〇九		
一 送	四二〇	一二二一〇—一二三一九	一二三二〇—一二三四一	二二
		一二三四二—一二四二九	一二四三〇—一二四七三	四四
		一二四七四—一二六二二	一二六二三—一二六四三	二一
		一二六四四—一二六六三	一二六六四—一二六八六	二三
		一二六八七—一二八六四	一二八六五—一二八八四	二〇
		一二八八五—一三二二八		
二 寘	三一〇	一三二二九—一三八五四		
三 未	九〇	一三八五五—一四〇二四		
四 霽	一三〇	一五〇二五—一四〇七五	一四〇七六—一四一〇一	二六
		一四一〇二—一四一三八	一四一三九—一四一五九	二一
		一四一六〇—一四二六二	一四二六三—一四三六五	一〇三
		一四三六六—一四四〇七	一四四〇八—一四四二五	一八
		一四四二六—一四四五八		

五	御	三〇	一四四五九——一四四六四 一四四八七——一四五二八	一四四六五——一四四八六 一四五二九——一四五五三	二三 二五
六	暮	二一〇	一四五五四——一四六七四 一四六九九——一四九九五	一四六七五——一四六九八	二四
七	秦	六〇	一四九九六——一五一三九		
八	隊	一五〇	一五一四〇——一五四六七		
九	饔	二二〇	一五四六八——一五四九〇 一五五一四——一五五五三 一五五七七——一五七八一 一五八〇二——一五八九八 一五九一八——一六〇一三	一五四九一——一五五一三 一五五五四——一五五七六 一五七八二——一五八〇一 一五八九九——一五九一七	二三 二三 二〇 一九
十	翰	一七〇	一六〇一四——一六三七五		
十一	諫	八〇	一六三七六——一六五五〇		

十二 霰	一七〇	一六五五一——一六七二〇 一六七四一——一六八八六	一六七二一——一六七四〇	二〇
十三 嘯	一三〇	一六八八七——一七一〇四 一七一二三——一七一六八	一七一〇五——一七一二二	一八
十四 效	一三〇	一七一六九——一七三八六 一七四〇八——一七四二七 一七四四九——一七四六二	一七三八七——一七四〇七 一七四二八——一七四四八	二一 二一
十五 箇	七〇	一七四六三——一七五六六 一七五八七——一七五九〇	一七五六七——一七五八六	二〇
十六 禡（十七蔗附）	六〇	一七五九一——一七七二一 一七八三九——一七八四三	一七七二二——一七八三八	一一七
十八 漾	一九〇	一七八四四——一七九三一 一七九八〇——一八三二六 一八三七八——一八四一九	一七九三二——一七九七九 一八三二七——一八三七七	四八 五一

十九敬	三三〇	一八四二〇——一九一五八		
二十宥	一一〇	一九一五九——一九三六八		
二十一沁	一〇	一九三六九——一九三九八		
二十二勘	七〇	一九三九九——一九五二五		
二十三豔	三〇	一九五二六——一九五九八		
入聲				
一屋	二五一	一九五九九——二〇〇六二		
二質	四二九	二〇〇六三——二〇八六九		
三術	一八九	二〇八七〇——二一二〇五		
四曷	一〇	二一二〇六——二一二三〇		
五轄	五〇	二一二三一——二一二四八 二一二七〇——二一三六〇	二一二四九——二一二六九	二一
六屑	一一〇	二一三六一——二一五九七		
七藥	二四〇	二一五九八——二一六一七 二一六四〇——二二一七九	二一六一八——二一六三九	二二

八　陌		以下原目殘去		
九　緝				
十　合				
十一　葉				

總計右表平聲共一萬三十四卷，原缺一千一百七十六卷，除缺實存八千八百五十四卷，共四千一百六十八本。上聲共二千一百七十五卷，原缺二百八十四卷，除缺實存一千八百九十一卷，共一千零六十本。去聲共七千三百八十九卷，原缺七百七十一卷，除缺實存六千六百十八卷，共三千一百七十本。入聲八陌以下殘去四韻。一屋至七藥缺四十三卷，共存一千二百七十九本。以上合計共缺二千二百七十四卷，共存九千六百七十七本。雖入聲後四韻缺數不可知，卽此與總目所云缺數已甚相近，倘持此表與永樂大典目錄核對，則知當時館臣之於輯佚工作，固甚多遺憾焉。

三　查訪缺佚及新失復得

四庫開館後，校輯永樂大典爲最要工作，然大典所缺二千餘卷，對於所校輯之書，自難保其必無遺漏，則當時之於大典完璧之補，固館臣等所期望者矣。是以乾隆三十八年（一七七三）二月二十三日，高宗復有查訪缺佚之諭：（註一一）

近因訪求載籍，以翰林院所貯之永樂大典，內多有人未經見之書，派員查核，約缺一千餘本，較原書少什之一，不知何時散佚。聞此書當時在內閣收存時卽有遺失，似係康熙年間開館修書總裁官等取出查閱，未經繳回。彼時如徐乾學、王鴻緒、高士奇等皆在書局最久，其家或尙有存留此書剩本，亦未可定。著高晉、三寶札知各本籍地方官，令向各家一爲訪問，倘果有其書，無論本數多寡，卽爲繳出送京。並諭以此書雖係官物，然在當時原無稽核，偶爾取攜繙閱，無意收存，本無關礙。此時亦並不追究從前遺書之故，惟是藏書家留此殘編賸帙，實爲無用之儲；若歸之中秘，裒輯完全，頗有裨於四庫。用是廣爭諮訪，令其家不必驚惶。又或此書別經流播，因而散落人間，以及書賈坊林，視爲前朝舊書，轉相售易，亦屬事理所有。並著高晉等留心體訪，如見有此書，卽官爲收買繳送。但須諭有司不動聲色，善爲搜求，不可假手吏胥，致令藉端滋擾。將此遇奏事之便，傳諭知之。

大學士劉統勳等奉諭，當卽抄寄兩江總督高晉，浙江巡撫三寶，就近分別飭屬向各家詢問。並奏：(註一二)『臣等遵旨寄信高晉，詢問徐乾學等家，有無收藏永樂大典；因高士奇籍隸浙江，並擬寫寄至三寶。又臣等面奉諭旨，並及原任大學士蔣廷錫，適侍郎蔣賜棨在此奏事，臣等卽面爲告知。據稱卽寄信回家，問明如有收存，卽行恭繳等語，合倂聲明。』惜詢問結果，毫無收獲，而完璧之補，迄未得達。然則此副本所缺之什之一，殆在淸人入關之前，相傳爲李自成所摧殘者，或有然矣。(註一三)

此缺少之卷帙，既無從配補，未幾，復由校勘永樂大典纂修官黃壽齡，遺失六册，陳編餘帙，厄運偏多，何不幸之甚耶？當時四庫全書館因此奏請將黃壽齡交部議處，高宗於乾隆三十九年六月二十六日諭云：(註一四)

永樂大典爲世間未有之書，本不應聽纂修等携帶外出，況每日備有棹飯，各員飽食辦公，盡一日之長在館校勘，已可不悞課程，原無藉復事焚膏繼晷。至館中設有提調人員，稽查乃其專責，携書外出，若曾經告知提調，卽當與之同科；或纂修私自携歸，該提調亦難辭失察之咎。

著舒赫德查詢明確，據實覆奏。其所失之書，仍著英廉等上緊嚴緝，毋致闕少。至在館之總裁，朝夕共事，亦不應漫無覺察若此，並著明白回奏。

此諭降後，幸步軍統領尚書英廉嚴緝得力，致使盜者懼罪，乃將所盜大典六本，暗置御河橋畔，因於七月十五日夜復為檢獲。惟盜者不可究詰。英廉上奏後，高宗於七月十八日又諭英廉設法購覓賊蹤云：(註一五)

永樂大典六本，既經檢獲，不致缺少，固屬甚好，但正賊尚未弋獲，雖據摺稱仍飭旗營員弁番役人等嚴緝務獲，恐員役等不過具文了事。朕思此書遺失以來，為日已久，必其人偷竊後潛向書肆及收買廢紙張等處售賣，書賈等知永樂大典係屬官物，不敢私行售賣，該犯亦知緝捕嚴緊，不敢存留，遂於夤夜潛置河畔，以冀免禍，其情形大概如是。英廉自當密派妥幹番役等，於書肆紙鋪小市荒攤等處，留心體訪，如有知其底裏者，即可由此跟究賊蹤，不愈於憑空跴緝乎？

同日復諭四庫全書館諸總裁：(註一六)『英廉奏，所有黃壽齡遺失之永樂大典六册，已經覓得，甚好。

現在另諭英廉令其設法購覓賊蹤矣。永樂大典爲人間絕無僅有之書，今幸陳編獲存於散佚之餘，業派詞臣校輯，以昭美備。且其中有經朕題詠者，自應一體寶藏，爲玉堂佳話。至各省送到遺書，浩如烟海，現交書局存貯，俟書目校勘全竣，尚須發還，不許絲毫損失，是此書所在，亦當隨時檢查，勿使纂修人等私攜外出，方爲正理。前因遺失書籍，曾將該總裁等交部察議，並責成提調等實力稽查，自不敢復致玩忽成事……』限制既嚴，纂修等不能私攜外出，則遺失之機會自少矣。

至黃壽齡遺失之咎，經部議降一級留任，罰俸一年。嗣高宗以其情有可原，於乾隆四十年二月初七日特降諭云：（註一七）『庶吉士黃壽齡上年因遺失永樂大典，經部議以降一級留任，仍罰俸一年。因該員尚未散館授職，無任可留，再令學習三年，方准散館，固屬咎所應得。第念四庫全書處未定章程，以前纂修等將書携歸校辦者，諒不止一人，黃壽齡第因遺失，遂干吏議耳。其情尚稍可原，黃壽齡著從寬准其同壬辰（乾隆三十七年）科庶吉士一體散館，其議處之案，著改爲罰俸三年。欽此。』以六册大典失而復得，即罰俸三年，雖云從寬，然亦嚴矣。嗣後終四庫散館，未聞再有遺失者，蓋纂修各官職事謹愼，人人以此爲戒耳。

(註一)見朱筠笥河文集卷一。

(註二)于劉相爭事,見國朝先正事略經學卷三十五李威朱竹君事略。此奏見辦理四庫全書檔案上册頁六,民國二十三年國立北平圖書館鉛印本。

(註三)見四庫全書總目提要卷首。

(註四)見辦理四庫全書檔案上册頁七。

(註五)見同註三。

(註六)見同註四。

(註七)見清高宗御製詩四集卷十七頁二十一,彙輯四庫全書聯句第三韻御製句小註。

(註八)語在高宗御製詩四集卷十一頁二十三,命校永樂大典因成八韻示意序。

(註九)此即命校永樂大典因成八韻示意詩,見同上。

(註一〇)此據北平圖書館館刊六卷一號(民國二十一年一二月合刊)袁同禮永樂大典存目,惟總數袁氏統計有誤,此改正。

(註一一)見辦理四庫全書檔案上册頁八後。

(註一二)見同上頁九前。

(註一三)但據明張岱陶菴夢憶卷六韻山條云:『胡儀部青蓮攜其尊人所出中祕書名永樂大典者,與韻山政相類,大帙三十餘本，一韻中之一字猶不盡焉』是大典在明時已散佚矣。按此雖未明言正本副本，但文淵閣處在禁中，地甚嚴密，正本恐不易盜出；胡青蓮所攔者，殆爲皇史宬之副本無疑。然則此副本所鈌之什之一，散佚久矣。

（註一四）見辦理四庫全書檔案上册頁二十七前。

（註一五）見同上頁二十八前。

（註一六）見同上。

（註一七）見同上頁三十五後。

第八章　永樂大典之輯佚

一　由大典輯出之佚書

校輯永樂大典，固由於朱筠之上奏，然此議康熙時徐乾學（號健菴）實已發之，（註一）惟未見諸實行。嗣後查愼行預纂佩文韻府，曾與同事商之，擬奏請發此書繙閱增補，有沮之者，謂卷帙浩繁，恐致汚損，遂不果。（註二）雍正時，全祖望寓侍郎李穆堂（紱）宅，因得借大典，與李日共盡二十卷，以所簽分令四人鈔之，輯書數種，實爲由大典輯佚之先聲。全氏鈔永樂大典記云：『〔永樂大典〕移貯翰林院，然終無過而問之者。前侍郎臨川李公（紱）在書局始借觀之，於是予亦得寓目焉。……因與公定爲課，取所流傳於世者，概置之；即近世所無而不關大義者，亦不錄；但鈔其所欲見而不可得者，而別其例之大者爲五。其一爲經：諸經解之集大成者，莫如房審權之易，衞湜王與之之二禮，此外莫有仿之者；今使取大典所有，稍爲和齊而斟酌，則諸經皆可成也。其一爲史：自唐以來，六史篇目雖多，而獻不足，今采其稗野之作，金石之記，皆足以資考索。其一爲志乘：宋元圖經舊本，近日存者寥寥，明中葉以後所編，則皆未見古人之書而妄爲之；今求之大典，釐然具在。其一爲氏族：世家系表而後，莫若夾漈通略，然亦得其大概而已，未若此書之該備也。其一爲藝文：東萊文鑑不及南渡，遺集之散亡者，大典得十九焉。其餘偏端細目，信手薈萃，或可以補人間之缺本，或可以正後世之僞書，則信乎取精多而用物宏，不可謂非宇宙間之鴻寶也。……夫求儲藏於秘府，更番迭易，往復維艱，而吾輩力不能多畜寫官，自從事於是書，每日夜漏三下而寢，可盡二十卷，而以所簽分令四人鈔之，或至浹旬未畢，則欲卒業於此，非易事也。然以是書之沉屈，忽得人讀之，不必問其卒業於否，要足爲之吐氣。嗟乎！溫公通鑑之成，能讀之至竟者，祗王益柔一人，其餘未及一卷，即欠伸思睡；況大典百倍於此，其庋閣也固易。今吾輩銳欲竟之，而力不我副，是則不能不心以爲憂者也。』當時簽鈔之結果，計鈔出宋田氏學易蹊經二十卷，高氏春秋義宗百五十卷，王安石周官新義六十卷，曹放齋詩說，劉公是文鈔，唐說齋文鈔，史眞隱尚書周禮論語解，二袁先生文鈔。元寶萃酒耘先生令譜，及永樂寧波府志諸書得祁門馬曰琯（字嶰谷，）仁和趙昱（字谷林，）均爲全氏致鈔資。而全氏旣知縣，未久於其事，故鈔出者僅如是而已。

嗣後法式善據大典，校唐人張燕公、陳子昂、陸宣公、顏魯公、權載之、獨孤至之、韓昌黎、柳柳洲、白樂天、歐陽行周、劉賓客、李義山、杜牧之、羅昭諫諸氏之文。法氏云：『除行世本外，各有增益，多者數十，少者亦五六，其不習見於世之人，蓋往往而有也。』（註三）同時杭世駿撰續禮記集說，其中所采宋元人學說，亦太半輯自大典。（註四）乾隆三十八年，錢大昕鈔出宋中興學士院題名一卷。（註五）然以上僅爲私人之零星鈔錄，尚未足以語輯佚；及四庫開館，而有組織的由大典輯佚之舉始實現。惜高宗諭限輯其足資啓牖後學，廣益多聞者，而本係現在通行，及雖屬古書詞意無關典要者不輯；故結果遂致棄多取少焉。且校輯時，館臣復多就其中易爲功者輯之，卽謂搜取無遺逸幸歷城周永年固執以爭，謂可輯之書尙多，同列無如之何，乃舉而委之永年。永年無間風雨寒暑，目盡九千鉅册，計卷一萬八千有餘，丹鉛標識，摘抉編摩，於是永新劉氏公是公非諸集以下，又得十有餘家，皆前人所未見者，咸著於錄。好古之士，以爲永年有功於藝林，而永年之精力，亦由是殫矣。（註六）此外，邵晉涵之於舊五代史，戴震之於算經，均各有所成，爲此次輯佚之偉功。當時除就大典校補校正各書不計外，其已輯出著錄四庫全書者，計經部六十六種，史部四十一種，子部一百三種，集部一百七十五種，共三百八十五種，凡四千九百四十六卷。存目者凡一百二十九種，共六百十六卷。（參閱附錄永樂大典內輯出佚書目一覽表）尙有業經輯出未及收入四庫者，如春秋會義，宋元兩鎭江志，嘉泰吳興志，嘉定維揚志，奉天錄，九國志之類，是也。

自是以往，大典之面目始大顯於世。嘉慶以後，續有輯錄：修全唐文時，大興徐松（字星伯）鈔出宋會要五百卷，中興禮書一百五十卷，元河南志四卷，僞齋錄二卷，秘書省續到闕書二卷，大元馬政記一卷。法式善輯蘇過斜川集，辛啓泰輯稼軒詩文詞佚篇。而胡敬又鈔出淳祐臨安志六卷，大元海運記一卷；孫爾準亦鈔出仇遠山村詞。及道光八年（一八二八）重修一統志，嘉興錢儀吉曾奏請重輯大典未盡之書，諭俟統志修畢再行核辦；迨志成而西陲兵起，錢亦降官，此事遂遭擱置。其後文廷式又鈔出宋中興政要一卷，壽昌乘一卷，大元官制雜記一卷，元高麗紀事一卷，大元倉庫記一卷，大元氈罽工物記一卷，元代畫塑記一卷。光緒十二年（一八八六）繆荃孫以侍讀志銳之介入敬一亭觀書得借閱大典，前後覽過九百餘册，鈔出宋十三處戰功錄一卷，曾公遺錄三卷，中興行在雜買物雜買塲提轄官題名一卷，中興東宮官寮題名一卷，中興三公年表一卷，蘇潁濱年表一卷，明順天府志七卷，瀘州志二卷，及國清百錄諸書。（註七）可見其中可輯之書尚多，而四庫總目謂『菁華已採，糟粕可捐』者，非確論也。

二　大典輯佚本之遺憾

四庫開館時，永樂大典原缺二千餘卷，前已言之詳矣。然則大典既係殘帙，則由大典採輯之書，自非足本，乃極顯然之事實也。況大典引用之書，割裂全文，前後不易貫串：劉統勳奏摺謂其取『經史子集等部，或依其音，或從其類，隨字收載，多係割裂瑣碎；』高宗諭旨亦稱其『別部區函，編韻分字，意在貪多務得，不出類書窠臼，是以踳駁乖離，於體例未能允協；』凡此，均足證明大典體例，割裂龐雜，漫無條理，而其入韻之法，復參差無緒，淩雜不倫。高宗御製詩四集卷三十五題文源閣詩小註謂：『案永樂大典以洪武正韻為綱，以韻統字，以字繫事，所載各書，均散列於各韻之中，有以一字一句分韻者；有析取一篇以篇名分韻者；有抄錄全書，以書名分韻者；而入韻方法又參差無緒，如縑憤錄不隸於「縑」，而隸於「錄」（卷一九七四一），灌頂經不隸於「灌」或「經」，而隸於「頂」，（卷一一九五一之一一九五二。）』以此『各韻轇轕』『前後錯互』之類書而欲集湊散片各成完帙，豈不戛戛乎難哉！

且高宗敕纂四庫全書，本有別意存乎其間，以故輯錄大典，當時士論並未重視。如當時總裁于敏中隨鑾木蘭，致函總纂陸錫熊云：（註八）『永樂大典內集湊散片，原如雞肋，（旁註：諸城似有不樂於裒輯之意，然未明言也，秘之。）但既辦輯多時，似難半途而廢。……至大典內集部概行不辦，此與原奉諭旨不符，愚見以為既辦四庫全書，似屬多多益善，斷無因多而棄斥弗顧之理，為此言者蓋未通盤籌畫耳。』按諸城即劉統勳，彼不樂意裒輯，固無怪，因朱筠初次奏請，彼即謂為非政之要，欲寢其事也；而于敏中亦以雞肋比之，館中人更有主張集部概行不辦者，則當時之輕視輯錄大典，可見一斑。幸賴于敏中堅持散片可裒錄，（註九）周永年復獨身邁力以赴，故結果始得有三百八十餘種遺逸收入四庫耳。獨惜當時急於成書，不暇求備，未經校輯，即催促至再，觀于敏中九月初十日致陸錫熊函云：『永樂大典辦已年餘，當有就緒，若初次所分，至今未能辦得，亦覺太遲。俱係何人所遲，光景若何？卽查明開單寄知。』又七月十一日函云：『昨閱程功册散片一項，除山東周編修外，認眞者極少，然每日五頁，尚有一定之程。惟遺書卷帙甚多，每纂修所分俱有一千三百餘本，今此內有每月閱至一百六七十本者，告竣尚易，其一百本以外，亦可以歲月相期。乃有不及百本甚至有不及五十本者，如此辦法，告成無期，與足下及曉嵐先生原定之期——原定上年可完，今已逾期矣，尚憶此言否？——太覺懸遠，倘蒙詢及，將何以對？愚實惶悚之至！足下當與看遺書諸公細商，自定限期，總錄單寄示，庶得按册而稽，亦可稍救前言之妄，幸勿以泛語置之。』以大典卷帙之浩繁，輯錄散片，湊合成書，其難殆如集腋成裘，而督促若此，期欲速成，則所輯出之書，謂爲不草率，無遺漏，其誰信之？

以如此期於速成，故館臣則多就其易爲功者輯之，而結果失輯之處甚多。全祖望鈔永樂大典記，別其例之大者爲五：曰經，曰史，曰志乘，曰氏族，曰藝文。其言最確切不可易。今觀當時館臣所輯，惟於宋元藝文用力最勤。獨於志乘一門，則幾完全放棄。於史，則宋會要中興禮書四庫總目雖嘗及之，直至修全唐文時，始由徐松抄出。經世大典，則徐氏與文廷式所抄出者，尚不及全書十之一，卽其中較重要之驛站一門，今大典殘本（卷一九四二五之一九四二六）尚存東洋文庫者，亦未見有傳鈔本。大元一統志（瞿志有元刻本僅存數卷）館臣雖已簽出，殆以供編纂大清一統志之用，初未聞以輯本著錄。其失收之多，實非吾人意料所及；而尤以志乘方技詞曲諸書爲甚，固不僅存目所載諸書，得而復失，爲可憾也。

又據今存大典殘本觀之，乾隆時館臣簽出之佚書單，間有存者。然所載各書出四庫著錄外者，不一而足。如卷八百九十九詩字韻纂修官陳簽出兼金合璧一書；卷二千九百四十九神字韻纂修官蕭簽出晉史揮麈，悅生隨抄，采眞集，溫革瑣碎錄諸書；卷一萬五百四十啓字韻纂修官吳簽出沈繼祖梔林集，縉紳淵源諸書；卷一萬八百十四母字韻纂修官秦簽出孝友同風，古今事通，事類蒙求諸書；卷一萬三千一百三十九至四十夢字韻纂修官王簽出摭遺新說，玉融備對，沈括清夜錄，盧子遺史，江敦教影響錄諸書。以上所舉，即四庫全書存目均未著錄，蓋抄出後而復擯者。即已輯出之書，就現存殘帙而言，發現館臣遺漏之處，亦甚衆，如王質雪山集，趙鼎臣竹隱畸士集，舒岳祥閬風集，張侃拙軒集，其逸文見於大典者，尚復不少。然則所謂『菁華已採』者，殆自欺欺人之談耳。

總上所述，當時四庫館臣之輯佚工作，仍多遺憾，已爲不可掩之事實，復以述作之旨趣言之，而館臣又未忠於所事，則四庫全書中永樂大典輯本缺點之多，可想而知之矣。

(註一)按李岳瑞春冰室野乘頁百七十一四庫全書之濫觴條（宣統三年上海廣智書局出版）云：『乾隆朝修四庫全書，從永樂大典中輯佚書七百餘種（按此數誤）人皆知其議之發於朱笥河學士，而不知徐健菴尙書已有此議，學士特因其成說耳。考健菴所爲高詹事刻編珠序云：「皇史宬永樂大典，鼎革時已有散失，往語詹事，皇上稽古右文，千古罕遘，當請命儒臣重加討論，以其祕本刊餘頒布，用表揚前哲之遺墜於萬一。余老矣，詹事孜孜好古，幸它日無忘此言也。』

(註二)見查愼行得樹樓雜鈔卷五頁七，適園叢書本。

(註三)見存素堂文續集卷二校永樂大典記。

(註四)見所著道古堂文集續禮記集說序。

(註五)有藕香零拾本及武林掌故叢編本。

(註六)見章學誠章氏遺書卷十八周書昌先生別傳。

(註七)見繆荃孫藝風堂文續集卷四永樂大典考。

(註八)見于文襄論四庫全書手札七月十三日函，民國二十二年國立北平圖書館影印本。

（註九）按敏中七月七日函云：「永樂大典內散片可輯者，自當即爲裒錄，若凡多至三四百條，較之舊有完善本僅止數篇者已勝，即偶有缺佚，於提綱內聲明亦無礙耳。」

第九章　永樂大典之散亡

一　翰林院諸臣之盜竊

乾隆以後，永樂大典之面目漸爲人所知，而近水樓台之翰苑諸臣，對於此書，益存覬覦之心，於是此書之散失則日益加劇。蕭穆記永樂大典述繆筱珊云：（註一）『今翰林院所存者，咸豐末三四年，多爲外人竊購送之西洋院中，存者不過九百多本。其書一人所竊，不過能携四五本。又翰林院內有寶善亭三間，內貯多書，凡書之出入，皆辦事八翰林主之，其他編檢無權也。』常熟秉衡居士荷香館瑣言亦云：（註二）『（永樂大典）原書本萬餘册，陸續散出。光緒乙亥（元年，一八七五）檢此書，不及五千册；至癸巳（十九年，一八九三）僅存六百餘册。相傳翰林入院時，使僕預携衣一包，出時盡穿其衣，而包書以出，人不覺也。又密邇各國使館，聞每大典一册，外人輒以銀十兩購之。館人秘

密盜售，不可究詰，致散亡益速。』而翰苑諸臣竊書之法，則劉聲木萇楚齋隨筆記之最詳，如云：（註三）

據繆筱珊太史荃孫藝風堂文集所載，太史到翰林院時，已只存三百餘本，復爲同院諸公盜出，陸續售去。其盜書之法，早間入院帶一包袱，包一綿馬褂，約如永樂大典兩本大小。晚間出院，將馬褂穿於身上，偷永樂大典兩本，仍包入包袱內，如早間帶來樣式。典守者見其早挾一包入，晚復挾一包出，大小如一，不虞其將馬褂加穿於身，偷去永樂大典兩本，包於包袱內而出。久之，永樂大典三百餘本又掃地無餘。太史並謂每次偷書，以兩本爲最合式，恰如綿馬褂一件大小，多則爲人所易覺。其偷書之法，眞極精巧刻毒，不謂竟於翰林院諸公行之！

以如此巧妙之竊法，宜乎大典爲數之日少也。

葉德輝書林淸話卷八（頁二一後）云：『永樂大典有百餘本，在萍鄉文芸閣學士廷式家。文故後，其家人出以求售，吾曾見之，皆入聲韻，白紙八行，朱絲格鈔書，面爲黃絹裱紙，蓋文在翰林院竊出者也。』準此以推，當時翰苑諸臣竊此書者必不止文氏一人，特文氏之所竊，爲葉氏所見耳。嗟乎，以堂皇之翰林學士，爲此下流之行，不知此書藏在中秘，猶遭若輩零竊，而斷簡殘帙，竊出之後，不愈速其散亡耶？

二　庚申庚子兩劫之散亡

館人之零碎盜竊，已使此書日漸減少，而最大之散佚則在咸豐庚申（十年，一八六〇）英法聯軍之入寇。王頌蔚題丁松生文瀾書歸圖有云：（註四）『邇來横海肆樓船，漢廷未暇修儒術，頗聞守藏史不愼，文德官書半放失。永樂大典藏翰林院今存八百餘册』所謂「横海肆樓船」者，卽指英法聯軍也。當時傳言鉅量大典，爲英人購去儲博物院。故王氏送黄公度隨使歐洲之一又云：『大典圖書淵，漁獵貪來學。歲久漸淪蕪，迢迢山巖伏。頗聞倫敦城，槖尙盈兩屋。願君勤搜訪，寄我採遺目。』斯言雖未可深信，但觀任松如謂四庫全書貯『翰林院副本一分，英法聯軍入北京時，因院與使館相近，外兵對於院中書籍，任意焚燬，遺棄、摧裂、携取，無所不至。四庫副本，多有散失。』（註五）則當日大典之厄，諒亦不能倖免也。

庚申之刼以後，大典之孑遺在翰林院者，據王頌蔚云只存八百餘册。而繆荃孫乃云：（註六）『光緒乙亥（元年一八七五）重修翰林院衙門，庋置此書不及五千册，嚴究館人，交刑部斃於獄，而書無著。余丙子（光緒二年）入翰林，詢之清秘堂前輩云，尚有三千餘册。請觀之，則羣睨而笑，以爲若庶常習散館詩賦耳，何觀此不急之務爲，且官書焉能借？迨丙戌（光緒十二年，一八六六）志伯愚侍讀鋭始導之入敬一亭觀書，並允借閱。……前後閱過九百餘册，而余丁內艱矣。……癸巳（光緒十九年，一八九三）起復詢之，則賸六百餘册。』繆氏云丙子尚有三千餘册者，係聞之他人，未可深信。而丙戌繆氏鈔出書數種，前後閱過九百餘册猶未盡，則爲事實。此與王頌蔚所云八百餘册不符。王氏蓋得諸他人口舌之傳耳。但癸巳後，繆氏云賸六百餘册，亦不符甲午（光緒二十年，一八九四）六月初十日翁同龢入院檢之，尚確存八百餘册。（註七）繆氏所云，殆亦傳聞之訛耳。

迨庚子（光緒二十六年，一九〇〇）八國聯軍之役，北京不保，兩宮西狩，此區區八百餘册者，又復掃地無餘矣。蔣芷儕都門識小錄云：（註八）

庚子拳亂後，四庫藏書，殘佚過半。都人傳言，英法德日四國運去者不少；又言洋兵入城時，曾取該書之厚二寸許長尺許者，以代磚支墊軍用等物。武進劉葆眞太史（可毅）拾得數册，閱之皆永樂大典也。此眞斯文掃地矣。

王小隱夢天餘話云：（註九）

庚子拳匪之亂，紅巾滿京華……譯學館總辦劉可毅太史，於亂兵馬槽下，拾得永樂大典數十册。

任松如四庫全書答問云（註一〇）

光緒二十六年，八國聯軍之役，四庫藏書，失去四萬七千五百零六本。爲外兵取出，由海船二艘，運至意大利納托爾埠者，有三萬五千本。永樂大典，亦在其中。惟攜出時，滿地狼藉，至不完全。後藏英國之萬國藏書樓。

總之，大典最後之散亡，全由於庚子之劫，當時義和團燬翰林院以攻使館之背，其後聯軍入城，大肆刦掠，對於中國之古物古器尤嗜。不限於攫取大典也。此次失去大典之總數，據事後鹿傳霖奏摺謂，共六百零七本。（註一一）則原存八百餘册者，經此刦後，所餘蓋僅；故至淸末學部發交京師圖書館，祇六十册而已。

嗣後私家收藏者，輾轉出售，復多流出海外。上虞羅振玉跋卷一萬四千六百二十八至二十九一册云：（註一二）『永樂大典上聲六暮韻部字門宋吏部條法二卷，曰關陞門，曰磨勘門，共一册。乃辛亥國變由北京流入海東，爲吾友富岡君撝購得者。』此一例也，其他類此者，尙不知多少。今流落海外者，或爲聯軍所分掠，或爲館人所竊售，據近人袁同禮所聞見，其總和等於國內公私收藏四之三，我國固有之文獻，不得復見於中土，良可慨已！

案袁氏永樂大典現存卷目表所載，共三百四十九册，六百六十三卷。（註一三）其他國內外殘存之數，固當倍蓰於此，或爲私家庋藏，靳不予覽，或爲書賈居奇待價以沽，爲數究有多少，不可得而知矣。茲姑據袁表所載，分爲國內、內外所藏，列表於左：

表一：國內現存大典數目表

藏主	册數
北平圖書館	89
吳興劉氏	44
上海東方圖書館	18
天津徐氏	11
瑯琊王氏	6
海鹽張氏	5
吳興丁氏	5
高陽李氏	4
長興王氏	3
吳興周氏	2
燕京大學圖書館	1
德化李氏	1
上虞羅氏	1
武進陶氏	1
東莞莫氏	1
番禺葉氏	1
蓬萊慕氏	1
□□吳氏	1
合計	195

表二：國外現存大典數目表

藏主	册數
美國國會圖書館	36
日本東洋文庫	26
俄京大學語言所	11
牛津大學	11
英倫博物院	10
靜嘉堂文庫	6
康南爾大學	5
河內遠東學院	4
翟理斯教授	4
柏林人種博物院	4
倫敦東方語言學校	3
來比錫大學	3
漢堡大學	2
東方文化圖書館	2
大連圖書館	2
葛斯德文庫	2
劍橋大學	2
內藤湖南	1
京都府立圖書館	1
山川睦之輔	1
東京帝國圖書館	1
大阪府立圖書館	1
石黑傳六氏	1
富岡君撝	1
倫敦圖書館	1
英倫某氏	1
馬登	1
海參威遠東大學	1
合計	144

總計右二表所列，國內現存者共一百九十五册，國外現存者共一百四十四册，袁表所載未詳藏地者尙有十册，合計之都三百四十九册。而江西文氏之百本尙不與。文故後，其家人卽出以求售，今不知此百本者仍存江西，抑流落他地也。

夫以大典卷帙之繁，今所存者尙不及原書百之三，而此區區者，又半非我有，悲哉！民國十八年，北平圖書館發起交換大典副本（從新錄副）與海內公私藏家商洽借鈔，並與美國國會圖書館，英倫博物院，河內遠東學院諸處，交換影照本，以廣流傳。（註一四）此舉甚是，爲今之計，正宜將此僅存之數，設法影存，以保無失。今北平圖書館所藏，除嘉靖重錄八十九本外，又有新錄副本及影照本六十餘本，卽交換之結果也。嗚呼！大典正本早歸天上，副本所存僅如上述，坐使宋元鴻文秘笈與之俱亡，實近世學術上不可償之損失，以視咸陽江陵之炬，亦無多讓焉。

（註一）見國粹學報七十期文篇外。

（註二）見人文一卷七期荷香館瑣言永樂大典殘本條，民國十九年九月十五日出版。

（註三）見萇楚齋隨筆卷三頁五，劉氏直介堂叢刻本。

（註四）見所著寫禮頌遺著詩集，民國四年餘溪王氏刻本。

（註五）見所著四庫全書答問頁一一一，上海啓智書局本。

（註六）見藝風堂文續集卷四永樂大典考。

（註七）見翁同龢翁文恭公日記，光緒甲午六月初十日記（頁五十六）上海商務印書館影印本。

（註八）見清季野史第一編頁百二，上海廣益書局本。

（註九）見夢天餘話丁巳（一九一七）元宵後五日，某年時報。

（註一〇）見同註五。

（註一一）據鄧之誠古董瑣記卷四頁十一庚子所失法物圖書條云：『近人簷穆叢記載庚子所失宮廟法物，館閣圖書，據鹿傳霖摺奏：翰林院失去永樂大典，六百零七本。……』

（註一二）見羅氏吉石菴叢書第四集第三種影印本。

（註一三）袁同禮永樂大典現存卷目表，國立北平圖書館鉛印單行本，民國二十二年五月再版。

（註一四）見北平圖書館館刊三卷六號館訊，民國十八年十二月出版。

第十章　餘論

夫典籍固隨時代而遞增，然亦輒因政變而散失，古籍流傳至今者，十不存一。牛弘謂有五厄：秦火也，王莽也，漢末也，永嘉南渡也，周師入郢也。胡應麟謂續有五厄：大業也，天寶也，廣明也，靖康也，紹定也。然齊末兵火，牛氏未數；唐初砥柱舟覆，及祥符之災，胡氏未舉。而李闖犯闕，明之典籍盡；聯軍肆虐，清之積貯散。合此論之，秘府書籍之厄，凡十有五。茲撮而舉之，以殿吾書，俾後人一覽而興懷焉。

昔周德既衰，舊經紊棄，孔子以大聖之材，當傾頽之運，歎鳳鳥之不至，惜將墜於斯文。乃憲章祖述，制禮刪詩，正五始而修春秋，闡十翼而宏易道，治國立身，作範垂法。及秦皇馭宇，吞滅諸侯，任用威力，事不師古，奮豺狼之心，剗先代之迹，焚詩書，坑儒士，制挾書之律，行偶語之刑，而先王之典章掃地盡矣。此則書之一厄也。

漢興，改秦之弊，敦尚儒術：惠帝除挾書之律，而書始出；武帝建藏書之策，而書始集。外有太常、太史、博士之藏，內有延閣、廣內、秘室之府。成帝復遣謁者陳農求遺書於天下，命劉向校經傳諸子詩賦，任宏校兵書，尹咸校術數，李柱國校方技，向子歆總羣書而奏其七略，漢之典籍於斯爲盛。及王莽之末，長安兵起，宮室圖書，並從焚燼。此則書之二厄也。

光武中興，篤好文雅，明章繼軌，尤重經術。於是鴻生碩儒，繼踵而集，懷經負帙，不遠斯至。肅宗親臨講肄，和帝數幸書林，其蘭臺石室，鴻都東觀，秘籍塡委，更倍於前。及董卓之亂，獻帝西遷，吏民擾亂，所藏典策，競相剽散，其縑帛圖書，大則連爲帷蓋，小乃制爲縢囊。王允所收而西者，裁七十餘乘，道路艱遠，又棄其半矣；屬西京大亂，一時播蕩，莫不泯盡焉。此則書之三厄也。

魏文代漢，採掇遺亡，藏在秘書中外三閣。命秘書郎鄭默刪定舊文，分爲四部，論者美其朱紫有別。晉氏承之，文籍尤廣，秘書監荀勗定魏內經，更著新簿，雖古文舊簡，猶言有缺，新章後錄，鳩集已多，足得恢弘正道，訓範當世。屬劉石憑陵，京華覆滅，朝章闕典，從而失墜。此則書之四厄也。

永嘉之後，寇竊競興，因河據洛，跨秦帶趙，論其建國立家，雖傳名號，而憲章禮樂，寂滅無聞。劉裕平姚，收其圖籍，五經子史，纔四千卷，皆赤軸青紙，文字古拙，僭僞之盛，莫過二秦，以此而論，足可明矣。

故知衣冠軌物，圖書記注，播遷之餘，皆歸江左。晉宋之際，學藝爲多，齊梁之間，經史彌盛。宋秘書監謝靈運造目錄四部；秘書丞王儉又依劉氏七略撰爲七志；齊秘書丞王亮、監謝朓，復造四部書目；前者六萬四千五百八十二卷，藏於總明觀，後者一萬八千一十卷，藏於學士館。及齊末兵火，延燒秘閣，經籍遺散，興章有闕。此則書之五厄也。

梁初，任昉殷鈞復躬加部集，於文德殿內列藏衆書，華林園中總集釋典，大凡二萬三千一百六卷，而釋氏不與焉。又文德殿目錄，術數之書更爲一部，祖暅乃撰五部目錄；普通中處士阮孝緒，又依王氏七志而爲七錄。總其書數，三萬餘卷。及侯景渡江，破滅梁室，秘省經籍雖從兵火，其文德殿內書史猶存。蕭繹據江陵，遣兵破景，收文德之書公私典籍七萬餘卷悉送江陵。迨周師入郢，繹悉焚之。歎曰：『文武之道，盡今日矣。』此則書之六厄也。

隋氏之初，漸更鳩聚，開皇三年（五八三）秘書監牛弘表請分遣使者搜訪異本，每書一卷，賞縑一疋，校寫既定，本卽歸主。由是人間異書，往往間出。及平陳後，經籍漸備。煬帝卽位，秘閣之書，限寫五十副本，分爲三品，於東都觀文殿東西廂構屋以貯之，東屋藏甲乙，西屋藏丙丁。秘府之藏，至是極矣，未幾悉灰於廣陵。此則書之七厄也。

初隋嘉則殿有書三十七萬卷，至唐武德初有書八萬卷，及王世充平，又得隋舊書八千餘卷。遣司農少卿宋遵貴載之以舟，泝河西上，對致京師。行經砥柱舟覆，多被漂沒，其所存者，十不一二。此則書之八厄也。

太宗貞觀間，魏徵虞世南顏師古繼爲秘書監，請購天下書，選五品以上子孫工書者爲書手繕寫，藏於內庫，以宮人掌之。開元間，玄宗復命馬懷素褚无量修圖書，借錄民間異本，特置修書院及集賢書院，名儒實學出入校讎。時兩都各聚書四部。列經史子集四庫，其本有正有副，軸帶帙籤皆異色以別之。未幾，祿山之亂，兩都覆沒，秘府所蓄，尺簡不藏。此則書之九厄也。

安史亂平，肅宗回鑾，復爲糾集。代宗時元載爲相，奏以千錢購書一卷，又命拾遺苗發等使江淮，括訪遺書。文宗時鄭覃侍講，進言經籍未備，因詔秘閣搜採，於是四庫之書復完，分藏於十二庫。及廣明初，黃巢干紀，兩京再陷，宮廟寺署，焚蕩殆盡，曩時遺籍，存者蓋尠；昭宗播遷，蕩然無遺矣。此則書之十厄也。

陵遲逮於五季，干戈相尋，海宇鼎沸；編帙散佚，幸而存者，百無二三。宋初，三館之書，不過萬餘卷，嗣平荊南，克李煜，吳越歸命，各有所得。然又未備，於是募人獻書，來獻者賜以科名，知吏治者卽授以職。太宗以後，遂大備焉。於是改建崇文院，著其目錄，讎校勘定，亦如漢代。迨祥符八年（一〇一五）三館火，延及崇文秘閣，所儲多爲灰燼。此則書之十一厄也。

祥符災後，其僅存者遷於右掖門外，謂之崇文外院，命重寫書籍，選官詳覆校勘，書成歸於太清樓。仁宗卽位，重建崇文院，命張觀等編四庫書，仿開元四部錄爲崇文總目。徽宗時，旣購求士民藏書，復補校三館逸遺，募工繕寫，一置宣和殿，一置太清樓，一置秘閣。自熙寧以來，搜訪補輯，至是爲盛矣。迨夫靖康之難（一一二七），而宣和館閣之儲，蕩然靡遺。此則書之十二厄也。

高宗南渡，復建秘書省，搜訪遺闕：故官家藏，或命就錄，鬻者悉市之。又令監司郡守，各諭所部，悉上送官，多者優賞。復置補寫所，令秘書省提舉掌求遺書，定獻書賞格，自是多來獻者。淳熙四年（一一七七）秘書少監陳騤等言，中興館閣藏書，前後搜訪，部帙漸廣，乞倣崇文總目類次，五年目成，較崇文有加，蓋新籍彙之矣。自紹興至嘉定，承平百載，遺書十出八九，秘府所貯，彌以充積。及紹定辛卯

（四年，一二三一）火災，所藏多燬。此則書之十三厄也。

元以異族入主中原，不知文事爲何物，雖籍宋秘書省圖籍，輦歸於燕，殆倣歷朝館閣故事耳。明太祖既克燕，命徐達盡收元奎章崇文之儲，致之南京。永樂十九年（一四二一）成祖復遣陳循取南內書一部至百部各擇其一，得百櫃運致北京。宣宗嘗臨視文淵閣，親披閱經史，時刻本十三，抄本十七，爲數約二萬餘部，近百萬卷。正統間，楊士奇進言，請將文淵閣所貯書籍，逐一檢勘，編成書目，用寶鈐識，永久藏弆，制曰可。然目成不及二百年，李自成入都，付之一炬。此則書之十四厄也。

清起東陲，造創伊始，文教未宏，入關之初，區宇未寧，石渠之建，猶未遑焉。迨聖祖繼統，詔舉博學鴻儒，纂修諸經解及圖書集成，網羅遺逸，拔擢英才，宏獎斯文，潤色鴻業，馴至太平之治，海內彬彬，靡然向風。高宗初元，繼試鴻博，采訪遺書；中葉以後，乃有四庫全書之輯，開專館，選通才，彙輯遺籍，編纂繕寫，先後繕錄七分，築七閣以分貯。在禁苑者，曰大內之文淵，曰盛京之文溯，曰圓明園之文源，曰熱河之文津；在南中與士子共者，曰揚州之文匯，曰鎮江之文宗，曰杭州之文瀾。而副本一分，貯翰林院者亦任大臣閱覽。及洪楊事起，文宗文匯，相繼淪亡，鄉軍內犯，文源亦付一炬；文瀾幸存劫餘，殘本不及半數。庚子一役，翰苑被燬，副本一分，掃地無存；而宋元文獻所賴以存之永樂大典，亦於此劫蕩然靡遺。此則書之十五厄也。

夫古今墳籍之厄，秦固誅首，莽卽次之，蓋秦所焚，率三代上書，西漢稍稍鳩集，莽又繼之，故靡尺簡也。晉之厄厄於裔夷，唐之厄厄於盜賊，宋同於晉，明同於唐，清蓋二者兼有之矣。然彼皆非有意於焚，兵燼所經，玉石俱燬，况書宜火物也？餘俱以人事之不臧，厄於水火。獨湘東以文士甘心焉，罪浮政矣；煬雖雅尙，卒以不道禍延，薄乎云爾。觀於此，可知歷代書籍遞傳遞失，以今視古，百不傳一也，可勝歎哉！

本章參考

1. 隋書卷四十九牛弘傳。
2. 錢惟演玉堂逢辰錄。
3. 馬端臨文獻通考卷一百七十四。
4. 胡應麟少室山房筆叢卷一。

5. 陸深續停驂錄卷中。

6. 方以智通雅卷三。

7. 姜紹書韻石齋筆談卷上。

8. 佚名八史經籍志。

9. 清史稿卷百五一藝文志。

10. 郭伯恭四庫全書纂修考。

附錄

永樂大典內輯出佚書目一覽表

清乾隆間四庫館臣王際華等曾撰永樂大典採輯書目，目中獨佚四庫全書存目諸書，後繆荃孫撰永樂大典考，附錄佚書目，始及之。然摭拾未備，且不著版刻，覽者病焉。民國十八年春，趙萬里先生撰永樂大典內輯出之佚書目，合四庫館臣及以後諸家所輯，得書五百三十一種，兼及版刻，較繆目爲勝。惟尙漏周禮井田譜、中興政要、知言、農書、安驥集諸書，誤收類方馬經一種，版刻亦間有闕。趙先生謂『繆荃孫撰永樂大典考云，全謝山嘗於大典內抄出宋田氏學易蹊徑二十卷，元賁華酒耘先生令譜。然鮚埼亭內外編內均未道及，外編中田氏學易蹊徑題詞，云見其書於都下，不言出於大典，繆說不知何據。又繆氏曾於大典內輯出國清百錄一書，藝風堂藏書記未載，書亦未見傳刻。敢誌所疑，以俟博雅君子。』學易蹊徑及酒耘先生年譜，鮚埼亭集固未道及。而國清百錄，實見藝風堂藏書續記卷二。又經世大典、站赤門、驛站門，最近均有印本。茲將趙目爲之補正如左，益以趙氏續補四書，共得書五百四十二種。其中有已輯而實未佚者則別爲附錄於後。至於諸家據大典校補者，如方言，春秋繁露等書，別爲表殿焉。

表一

書名	校輯者	版刻	雜記
周易口訣義六卷 唐史徵撰	清四庫館臣輯 四庫全書總目提要經部易類一著錄	聚珍版本 岱南閣叢書本 古經解彙函本 叢書集成初編本	
溫公易說六卷 宋司馬光撰	同上	聚珍版本 經苑本 榕園叢書重刻聚珍本	
易學辨惑一卷 宋邵伯溫撰	同上		案明陳繼儒邵康節外紀內附載此書說見四庫總目史部傳記類存目提要
讀易詳說十卷 宋李光撰	同上 以上易類二著錄	四庫全書珍本初集本	
周易窺餘十五卷 宋鄭剛中撰	同上		
易變體義十二卷 宋都絜撰	同上	四庫全書珍本初集本	

易原八卷 宋程大昌撰	同上	聚珍版本 叢書集成初編本	案四庫提要云程氏新安文獻志尚載其文似此書明季猶存
易說四卷 宋趙善譽撰	同上	墨海金壺本 守山閣叢書本 叢書集成初編本	
易傳燈四卷 宋徐總幹撰	同上	函海本 經苑本 叢書集成初編本	
厚齋易學五十二卷 宋馮椅撰	同上	四庫全書珍本初集本	
易象意言一卷 宋蔡淵撰	同上	聚珍版本 藝海珠塵本 榕園叢書重刻聚珍本 叢書集成初編本	案諸家書目云有聽彝堂叢書本未見
周易詳解十六卷 宋李杞撰	同上	四庫全書珍本初集本	
讀易舉要四卷 宋俞琬撰	同上	四庫全書珍本初集本	
周易象義十六卷 宋丁易東撰	同上 以上易類三著錄		案愛日精廬藏書志載此書殘宋本一卷後歸瞿氏
易纂言外翼八卷 元吳澄撰	同上	豫章叢書本	
易精蘊大義十二卷 元解蒙撰	同上	海山仙館叢書本	
易學變通六卷 元曾貫撰	同上 以上易類四著錄	豫章叢書本	
易緯稽覽圖二卷	同上	聚珍版本 阮刻本 七緯本 藝海珠塵本 古經解彙函本 叢書集成初編本	案四庫自大典抄出易緯凡八種首二種今尚有明本流傳故改入附錄及表二
易緯辨終備一卷	同上	聚刻版本 阮刻本 七緯本 古經解彙函本 叢書集成初編本	

易緯通卦驗二卷	同	上	聚珍版本　阮刻本　七緯本　古經解彙函本　叢書集成初編本	
易緯乾元序制記一卷	同	上	聚珍版本　阮刻本　七緯本　古經解彙函本　叢書集成初編本	
易緯是類謀一卷	同	上	聚珍版本　阮刻本　七緯本　藝海珠塵本　古經解彙函本　叢書集成初編本	
易緯坤靈圖一卷	同	上 以上易類六 附錄著錄	聚珍版本　阮刻本　七緯本　古經解彙函本　廣雅局本　叢書集成初編本	
洪範口義二卷 宋胡胡撰	同	上	墨海金壺本	
禹貢指南四卷 宋毛晃撰	同	上	聚珍版本　榕園叢書重刻聚珍本　叢書集成初編本	
禹貢山川地理圖二卷 宋程大昌撰	同	上	指海本	案程氏禹貢論五卷後論一卷今有通志堂刊本獨地理圖通志堂本僅刻敍說此從大典傳錄共補圖二十有八尚缺其三錢天澍云平湖胡氏小重山館藏此書宋刊宋印本內圖三十種細審無缺序云三十一必是筆誤云云宋本後歸丁氏持靜齋今不知流歸何所
尚書講義二十卷 宋史浩撰	同	上		案全謝山曾從永樂大典抄出史氏所著尚書周禮論語解諸書說見結埼亭外編卷二十四鄭峯眞隱漫錄題詞

五誥解四卷 宋楊簡撰	同	上	墨海金壺本	
絜齋家塾書抄十二卷 宋袁燮撰	同	上	四庫全書珍本初集本	
尙書精義五十卷 宋黃倫撰	同	上	劉定裕刊本　經苑本　叢書集成初編本	
融堂書解二十卷 宋錢時撰	同	上	聚珍版本　叢書集成初編本	
洪範統一一卷 宋趙善湘撰	同	上 以上書類一著錄	函海本　藝海珠塵本　經苑本　榕園叢書重刻經苑本　叢書集成初編本	
古洪範一卷 宋賀成大撰	同	上 書類存目一著錄		
慈湖詩傳二十卷 宋楊簡撰	同	上	四明叢書本	
續呂氏家塾讀詩記三卷 宋戴溪撰	同	上	聚珍版本　墨海金壺本　經苑本　小萬卷樓叢書本　叢書集成初編本	
絜齋毛詩經筵講義四卷 宋袁燮撰	同	上	聚珍版本　榕園叢書重刻聚珍本　叢書集成初編本	
毛詩講義十二卷 宋林岊撰	同	上 以上詩類一著錄	四庫全書珍本初集本	
曹放齋詩說 元曹粹中撰	清全祖望輯	四庫全書未著錄		案全氏輯本已佚鮚埼亭集外編卷二十三有曹放齋詩說序
詩纘緒十八卷 元劉玉汝撰	清四庫館臣輯	詩類二著錄	四庫全書珍本初集本	
周官新義十六卷 宋王安石撰 附考工記解二卷 鄭宗顏輯	同	上	墨海金壺本　經苑本　粵雅堂叢書本	案全謝山亦有輯本有題詞載鮚埼亭外集

周官總義三十卷　宋易祓撰	同	上	道光丙戌長沙易氏重刊本　長郡學宮叢書本	案八千卷樓書目有乾隆十八年刊本未見
周官集傳十六卷　元毛應龍撰	同	上　以上禮類一周禮之屬著錄	豫章叢書本	
周禮井田譜二十卷　宋夏休撰	同	上　禮類存目一周禮之屬著錄		
儀禮識誤三卷　宋張淳撰	同	上	聚珍版本　得月簃叢書本	案全謝山亦嘗輯此書計古禮十七卷釋文一卷釋誤三卷有序載鮚埼亭集卷三十一
儀禮集釋三十卷　宋李如圭撰	同	上	聚珍版本　經苑本　叢書集成初編本	
儀禮釋宮一卷　宋李如圭撰	同	上　以上禮類二儀禮之屬著錄	聚珍版本　墨海金壺本　守山閣叢書本　經苑本　榕園叢書重刻經苑本	案此書又見朱子大全集四庫提要據大典定爲李如圭撰
春秋釋例十五卷　晉杜預撰	同	上	聚珍版本　嘉慶二年莊氏刊本　掃葉山房刊本　孔氏微波榭叢書本（僅刻長歷一卷地名一卷）古經解彙函本　岱南閣叢書本　叢書集成初編本	
春秋傳說例一卷　宋劉敞撰	同	上	聚珍版本　藝海珠塵本　榕園叢書重刻藝海本　叢書集成初編本	
春秋辨疑四卷　宋蕭楚撰	同	上　以上春秋類一著錄	聚珍版本　叢書集成初編本	
春秋經解十二卷　宋崔子方撰	同	上	四庫全書珍本初集本	

春秋例要一卷 宋崔子方撰	同	上	四庫全書珍本初集本	
春秋通訓六卷 宋張大亨撰	同	上	墨海金壺本 叢書集成初編本	
春秋考十六卷 宋葉夢得撰	同	上	聚珍版本	
春秋讞二十二卷 宋葉夢得撰	同	上	四庫全書珍本初集本	
春秋集注四十卷 宋高閌撰	同	上	聚珍版本	
春秋左氏傳續說十二卷 宋呂祖謙撰	同	上	金華叢書本	
春秋講義四卷 宋戴溪撰	同	上		
春秋說三十卷 宋洪咨夔撰	同	上 以上春秋類二著錄	洪氏隸釋齋刊本	
春秋義宗 宋高元之撰	清全祖望輯	四庫全書未著錄		案全輯本已佚鮚埼亭外編有高氏春秋義宗序
春秋握奇圖一卷 金利鑾孫撰	清四庫館臣輯	春秋類存目一著錄		
春秋經疑問對二卷 元黃復祖撰	同	上		
春秋合題著說三卷 元楊維楨撰	同	上		
麟經指南一卷 不著撰人姓氏	同	上 以上春秋類存目一著錄		
春秋會義四十卷 宋杜諤撰	同	上 四庫全書未著錄	光緒間孫葆田刊二十六卷本	

孝經述注一卷 明項霦撰	同	上孝經類著錄	澤古叢鈔本 續台州叢書本 借月山房彙鈔本 叢書集成初編本	
尊孟辨三卷續辨二卷別錄一卷 宋余允文撰	同	上	守山閣叢書本 叢書集成初編本	案此書原本附載朱子全集中已殘缺此從大典補全 案此書應入表二
蒙齋中庸講義四卷 宋袁甫撰	同	上以上四書類一著錄	四庫全書珍本初集本	
瑟譜六卷 元熊朋來撰	同	上	墨海金壺本 指海本 粵雅堂叢書本 經苑本 鉛印本 叢書集成初編本	
韶舞九成樂補一卷 元余載撰	同	上	墨海金壺本 叢書集成初編本	
律呂成書二卷 元劉瑾撰	同	上以上樂類著錄	墨海金壺本 叢書集成初編本	
蒙古譯語一卷 不著撰人姓氏	同	上小學類存目一字書之屬著錄		
乾坤鑿度二卷	清四庫館臣輯	易類六附錄著錄	明天一閣刻本 聚珍版本 藝海珠塵本 七緯本 阮氏刻本 古經解彙函本 叢書集成初編本	案此書錢遵王有宋本云校天一閣本多譌脫
春秋透天關四卷 宋晏兼善撰	同	上春秋類存目一著錄		案此書元刊本十二卷現藏烏程張氏僅短哀公一卷適園藏書志二著錄 又案晏氏實宋人四庫誤宋作元今從張志

切韻指掌圖二卷 宋司馬光撰 附檢例一卷 元邵光祖補	同	上 小學類三韻書之屬著錄	墨海金壺本 十萬卷樓叢書本 同文書局石印本 叢書集成初編本	案諸本從舊抄本或影宋本出較大典本爲完善
華夷譯語一卷 明火源潔撰	同	上 小學類存目一著錄	涵芬樓祕笈第四集影印明經廠本	
右經部書都凡七十一種附錄四種				
舊五代史一百五十卷目錄二卷 宋薛居正撰	清四庫館臣輯		聚珍版本 武英殿刻本 湖北書局刻本 豐城熊氏石印本 嘉業堂刻本	案四庫本逐條注明大典卷數及採補書名後武英殿本盡删之彭元瑞曾爭之總裁不見聽近豐城熊氏始據鈔本印行其本逐條注明書名及卷數一如彭氏之說歲在乙丑吳興劉氏又得四明盧氏舊藏本鐫刻於北平與羅氏印本實同出一源
五代史記纂誤三卷 宋吳縝撰	同	上 以上正史類二著錄	聚珍版本 知不足齋叢書本 叢書集成初編本	
中興小紀四十卷 宋熊克撰	同	上	廣雅書局刻本 叢書集成初編本	
建炎以來繫年要錄二百卷 宋李心傳撰	同	上	仁壽蕭氏刻本 廣雅書局刻本 叢書集成初編本	
西漢年紀三十卷 宋王益之撰	同	上 以上編年類著錄	湖北書局刻本 席氏掃葉山房刻本 金華叢書本 叢書集成初編本	
東觀漢記二十四卷 漢劉珍等撰	闕	上 別史類著錄	聚珍版本 掃葉山房刻本 湖北先正遺書影印聚珍本 叢書集成初編本	案此書四庫本據姚之駰後漢書補逸以大典所載補葺而成然尚有遺漏

書名			版本	案語
九國志十二卷 宋路振撰	同	上 阮元四庫未收書目提要著錄	守山閣叢書本（附拾遺） 海山仙館叢書本 粵雅堂叢書本	案此書傳本均自曲阜孔氏出疑即孔葒谷所傳錄孔氏又有臨錢獻之校大典本春秋繁露今在上海涵芬樓又案據守山閣本錢熙祚跋知此書乃邵晉涵所輯周夢棠重爲編次觀書中各條均詳注大典卷數並附注頁數視舊五代史加詳則晉涵所輯之說殆可信也
歷代帝王纂要譜括一卷 不著撰人姓氏	同	上 別史類存目著錄		
續後漢書九十卷 元郝經撰	同	上 別史類著錄	宜稼堂叢書本（附札記四卷） 叢書集成初編本	
奉天錄四卷 唐趙元一撰	同	上 四庫未著錄	龍氏活字版印本（一卷） 指海本 江都秦氏石研齋刻本 粵雅堂叢書本 雲自在龕叢書本附補遺	案此書乃乾隆間館臣自大典唐字韻內抄出未及進呈徐星伯將其稿付龍氏以活字版印行原抄不分卷秦氏重刻始依唐宋志分爲四卷
咸淳遺事二卷 不著撰人姓氏	同	上 雜史類著錄	墨海金壺本 守山閣叢書本 粵雅堂叢書本	
藝祖受禪錄一卷 題宋趙普曹彬同撰	同	上		
龍飛記一卷 題宋趙普撰	同	上		案提要云此書疑與受禪錄皆後人所依託
景命萬年錄一卷 不著撰人姓氏	同	上		
重明節館伴語錄一卷 宋倪思撰	同	上		

誅吳錄一卷 宋張革之撰	同上		
丁卯實編一卷 宋毛方平撰	同上		
平叛錄一卷 宋郭士寧撰	同上（以上雜史類存目一著錄）		
曾公遺錄三卷 宋曾布撰	繆荃孫輯	藕香零拾本	案此書自大典卷一萬一千七百七十抄出
十三處戰功錄一卷 宋李壁撰	同上（以上四庫全書未著錄）	藕香零拾本	
大金弔伐錄四卷 不著撰人姓氏	清四庫館臣輯	墨海金壺本 守山閣叢書本	案此書瞿志有舊抄二卷本云據宋本校過豈此書原本尚存耶
汝南遺事四卷 元王鶚撰	同上（以上雜史類著錄）	澤古齋叢抄本 指海本 畿輔叢書本	
讜論集五卷 宋陳次升撰	同上（詔令奏議類奏議之屬著錄）	四庫全書珍本初集本	
孔子世家補十二卷 宋歐陽士秀撰	同上		
孔子實錄一卷 不著撰人姓氏	同上（以上傳記類存目一聖賢之屬著錄）		
三蘇年表二卷 宋孫汝聽撰	同上	藕香零拾本（僅蘇潁濱年表一卷）	案蘇潁濱年表係繆荃孫自大典卷二千三百九十九內抄出
綦崇禮年譜一卷 宋綦煥撰	同上		

呂忠穆公遺事一卷 不著撰人姓氏	同上		
呂忠穆公年譜一卷 不著撰人姓氏	同上		
尹和靖年譜一卷 不著撰人姓氏	同上		
饒雙峯年譜一卷 不著撰人姓氏	同上 以上傳記類存目一名人之屬著錄		
魏鄭公諫續錄二卷 元翟思忠撰	同上 傳記類一名人之屬著錄	聚珍版本 畿輔叢書本	
許魯齋考歲略一卷 元耶律有尙撰	同上		
辜君政績書二卷 元陶凱撰	同上 以上傳記類存目一名人之屬著錄		
陳了翁年譜一卷 元陳宣子撰	趙萬里輯 四庫全書未著錄		案此書自大典卷三千一百四十三陳字韻內抄出
慶元黨禁一卷 不著撰人姓氏	清四庫館臣輯	知不足齋叢書本	
京口耆舊傳九卷 不著撰人姓氏	同上 以上傳記類一總錄之屬著錄	道光二十九年賀鳴謙刻本 守山閣叢書本 粵雅堂叢書本	
忠傳四卷 不著撰人姓氏	同上 傳記類存目三總錄之屬著錄	涵芬樓祕笈第一集不分卷本	
逢辰記一卷 不著撰人姓氏	同上		

勤王記一卷 題宋臧梓撰	同	上		
西征道里記一卷 宋鄭剛中撰	同	上 以上傳記類存目六雜錄之屬著錄		
鄴中記一卷 晉陸翽撰	同	上	聚珍版本 榕園叢書重刻聚珍本	案續百川學海有此書未知視刊本何如
蠻書十卷 唐樊綽撰	同	上	聚珍版本 桐花館刊本 琳琅祕室叢書本 漸西村舍叢書本	
江南餘載二卷 不著撰人姓氏	同	上 以上載記類著錄	知不足齋叢書本 函海本 龍威祕書本	
嘉泰吳興志二十卷 宋談鑰撰	同	上	吳興叢書本	
宋嘉定維陽志 撰輯人未詳	同	上 以上四庫全書未著錄		案繆荃孫永樂大典考載四庫館臣業經自大典輯出之書而未及進呈者中有此書顧諸家書目並未著錄豈得而復失耶俟考
嘉定鎮江志二十二卷 宋盧憲撰	同	上 阮元四庫未收書目提要著錄	丹徒包氏刻本	
淳祐臨安志六卷 宋施諤撰	清胡敬輯			案此書刊入武林掌故叢編者乃影宋本山川城府二門此寺觀祠廟二門亦六卷繆荃孫曰胡書農年譜云自大典鈔出施志編爲十六卷此六卷尚不及其半豈胡譜衍十字歟又案此書丁志適園志均云二大册惟繆志作六卷今從之

壽昌乘一卷 撰人無考	清文廷式輯 以上四庫全書未著錄	光緒丁未柯氏刻本	此南宋武昌志也從大典二千二百七十三四昌字韻錄出其貢士名額止於寶祐三年蓋修於此時藝風堂藏書志卷三著錄
至順鎮江志二十一卷 元俞希魯撰	清四庫館臣輯 阮元四庫未收書目提要著錄	丹徒包氏刻本	
元河南志四卷	清徐松輯	藕香零拾本	案繆荃孫跋此書云大典所錄爲元河南志而仍是宋次道河南志原文至述元時寥寥數語必是星伯先生止錄宋志元代事則置之耳
明永樂順天府志七卷	繆荃孫輯		案此書藝風藏書記卷三著錄云僅存七卷至十四卷上下均闕
明永樂寧波府志	清全祖望輯		案全輯本未見結埼亭集外編有永樂寧波志題詞
明瀘州志二卷	繆荃孫輯 以上四庫全書未著錄		案此書繆氏自大典卷二千二百十七錄出尚缺下二卷今藏江安傅氏
河防通議二卷 元贍思撰	清四庫館臣輯	明辨齋叢書本 守山閣叢書本	案此書有明南監本未見
治河圖略一卷 元王喜撰	同 以上地理類二河渠之屬上著錄	墨海金壺本	
浙西水利議答錄十卷 元任仁發撰	同 地理類存目四河渠之屬上著錄		

江東地利論一卷 宋陳武撰	同上		
邊防控扼形勢圖論一卷 宋江默撰	同上 以上地理類存目四邊防之屬著錄		
嶺表錄異三卷 唐劉恂撰	同上	聚珍版本　榕園叢書重刻聚珍本	
嶺外代答十卷 宋周去非撰	同上 以上地理類三雜記之屬著錄	知不足齋叢書本	
西湖繁勝錄一卷 題西湖老人撰	同上 地理類存目六雜記之屬著錄	涵芬樓祕笈第三集本	案此書自大典卷七千六百零三杭字韻錄出並經吳子修校過
遼東行部志一卷 金王寂撰	劍舟居士輯 四庫全書未著錄	藕香零拾本　晨風閣國粹叢編本	
河朔訪古記二卷 元納新撰	清四庫館臣輯 地理類四遊記之屬著錄	眞意堂叢書本　守山閣叢書本（三卷）	案守山閣依文淵閣本重刊乃三卷與四庫總目不合
諸蕃志二卷 宋趙汝适撰	同上 地理類四外紀之屬著錄	函海本　學津討原本	案刻本佚去卷首自序藝風堂藏書記載之
麟臺故事五卷 宋程俱撰	同上 職官類官制之屬著錄	聚珍版本　榕園叢書重刻聚珍本　十萬卷樓叢書本（四卷補遺一卷）	案十萬卷樓本據影宋本付刊補遺則據大典本訂補較聚珍本完善
中興學士院題名一卷 宋何異撰	清錢大昕輯	藕香零拾本　武林掌故叢編本	案錢氏據書錄解題定爲何異撰且云存大典者除翰林學士外曰諫院曰登聞檢院曰登聞鼓院曰進奏院曰官告院曰文思院曰糧料院曰樞密院官屬皆始建炎終嘉定語詳錢跋

中興行在雜買物雜賣場提轄官題名一卷 宋何異撰	繆荃孫輯	藕香零拾本	案此書繆氏自大典卷六千五百三十八內抄出
中興東宮官寮題名一卷 宋何異撰	同上	藕香零拾本	案此書繆氏自大典卷二百三十九內抄出
中興三公年表一卷 不著撰人姓氏	同上 以上此四庫全書未著錄	藕香零拾本	
中興政要一卷	清文廷式輯 四庫全書未著錄	振綺堂叢書二集本	
太常沿革二卷 元任栻撰	清四庫館臣輯		
南臺備要二卷 元劉孟保等撰	同上 以上職官類存目官制之屬著錄	江安傅氏影印大典卷二千六百十至卷十一本	
憲臺通紀一卷續集一卷 元趙承禧撰	董康輯 四庫全書未著錄	中國學報本（未完）	案此書從大典卷二千六百零八至卷九七皆臺字韻錄出董氏云嘉靖南雍志經籍考載此書爲二十三卷此出明人刪節而元序所舉重要數端次第成在均可補元史之缺云云案四庫總目提要於南臺備要下云可補通紀之遺然通紀四庫迄未著錄今備要已有傅氏印本而此書印入中國學報者尚不及半爲可憾也
州縣提綱四卷 不著撰人姓氏	清四庫館臣輯 職官類官箴之屬著錄	函海本　學津討原本　長恩書室叢書本　半畝園本　日本刊本　叢書集成初編本	

宋朝事實二十卷 宋李攸撰	同上 政書類一通制之屬著錄	聚珍版本 墨海金壺本 叢書集成初編本	
宋會要五百卷 官修	清徐松輯 四庫全書未著錄	北平圖書館影印本	案此書原輯本舊藏華陽王秉恩處王氏曾擬付粵局刊印事不果行全書近已入藏北平圖書館 藝風藏書記有宋馬政一卷云徐星伯采自會要出大典卷一萬一千六百七十二蓋宋會要輯本中之零帙也
漢官舊儀一卷補遺一卷 漢衛宏撰	清四庫館臣輯 政書類二典禮之屬著錄	聚珍版本 平津館叢書重輯四卷本 榕園叢書重刻聚珍本	
宋中興禮書續中興禮書一百五十卷 宋淳熙閒官撰續編嘉泰問撰	清徐松輯 四庫全書未著錄		案此書輯出後迄未印行朱緒曾曾假嘉興錢代藏本錄副勞季言顧湘舟均從之借錄有跋載開有益齋讀書志 又案近人所著四庫全書答問謂徐氏曾於大典內輯出政和五禮新儀一書考五禮新儀四庫收入政書類徐氏不容再輯答問殆失之誤記然四庫本五禮新儀有殘脫豈徐氏更從大典補全耶姑誌所疑以俟達者
大金德運圖說一卷	清四庫館臣輯		
廟學典禮六卷 不著撰人姓氏	同上 以上政書類二典禮之屬著錄		

熬波圖一卷 元陳椿撰	同	上 政書類二邦計之屬著錄	雪堂叢刻本 吉石盦叢書第一集影印畫院摹本	
寶鈔通考八卷 元武祺撰	同	上 政書類存目二邦計之屬著錄		
大元官制雜記一卷 元經世大典治典中官制十則	清文廷式輯		廣倉學窘叢書本	案此從大典卷一千一百十九抄出
大元海運記二卷 同上賦典中海運門	清胡敬輯		雪堂叢刻本	
元高麗紀事一卷 同上政典中征伐門高麗一目	清文廷式輯	以上四庫全書未著錄	廣倉學窘叢書本	案此從大典卷四千四百四十六抄出
皇元征緬錄一卷 同上政典中征伐門緬一目	未詳		守山閣叢書本	案此與招捕總錄守山閣据嚴修能鈔本付刻繆藝風云此兩種阮文達進呈推爲祕笈實則從經典大典鈔出全文均在元文類中取文類校之各有佳處疑前人抄自經典大典非出自文類案繆說是也經世大典久佚此二書疑館臣自永樂大典抄出非別有所據姑誌於此以質達者
招捕總錄一卷 同上政典中征伐門招捕一目	未詳	以上四庫全書未收書目著錄	守山閣叢書本	
大元馬政記一卷 同上政典中馬政門	清徐松輯		廣倉學窘叢書本	案此乃文道希傳錄徐氏輯本當文氏時大典內已佚此卷原抄本舊藏江陰繆氏

大元倉庫記一卷 同上工典中倉庫門	清文廷式輯		廣倉學宭叢書本	案此從大典卷七千五百十七抄出
大元氈罽工物記一卷 同上工典中氈罽門	同上		廣倉學宭叢書本	案此從大典卷四千九百七十二抄出
元代畫塑記一卷 同上工典中畫塑門	同上	以上四庫全書未著錄	廣倉學宭叢書本	案此從大典卷一萬八千二百八十七抄出。又案魏默深海國圖志卷三載經世大典西北疆域圖云亦出大典
經世大典站赤門 元虞集等奉敕撰			影印本　國學文庫本	案大典卷一九四一六至一九四二六分載經世大典站赤門驛站門原書現藏日本東洋文庫
經世大典驛站門 元虞集等奉敕撰		以上四庫全書未著錄	影印本　國學文庫本	
宋吏部條法二卷 宋景定間重修		四庫全書未著錄	吉石盦叢書四集本	案大典卷一萬四千六百二十八二十九二卷載此書闕陞磨勘二門原藏日本富岡氏上虞羅氏借印入叢書中
永徽法經三十卷 元鄭汝翼撰	清四庫館臣輯			
至正條格二十三卷 元順帝時官撰	同上			
金玉新書二十七卷 不著撰人姓氏	同上			
官民準用七卷 不著撰人姓氏	同上	以上政書類存目二法令之屬著錄		

元內府宮殿制作一卷　不著撰人姓氏	同上　政書類存目二考工之屬著錄		
直齋書錄解題二十二卷　宋陳振孫撰	同上　目錄類一經籍之屬著錄	聚珍版本　江蘇書局覆刻本　叢書集成初編本	案此書盧抱經以殘元本訂定爲五十六卷有跋載抱經堂文集卷九江安傅氏有臨校本瞿志有元刊殘本四卷蓋卽愛日精廬舊物
寶刻類編八卷　不著撰人姓氏	同上　目錄類二金石之屬著錄	道光間東武劉氏刊本　粵雅堂叢書本	
經幄管見四卷　宋曹彥約撰	同上	豫章叢書本	
舊聞證誤四卷　宋李心傳撰	同上　以上史評類著錄	函海本　榕園叢書重刻函海本　藕香零拾本（附補遺一卷）	案此書丁志有宋刊殘本二卷繆荃孫據以校大典本得佚文二十九則卽藕香零拾本是也
敘古頌二卷　元錢天祐撰	同上		
事偶韻語一卷　題錢塘凌緯撰	同上　以上史評類存目一著錄		
兩朝綱目備要十六卷　不著撰人姓氏	清四庫館臣輯　編年類著錄		案瞿志陸志均有影宋抄十六卷本
唐才子傳八卷　元辛文房撰	同上　傳記類二總錄之屬著錄	佚存叢書本（十卷下同）嘉慶中蕭山陸氏刻本　指海本　粵雅堂叢書本　武進董氏影印日本本	案此書大典本未全日本有十卷足本諸刻并從之出
東坡年譜一卷　宋王宗稷撰	同上　傳記類存目一名人之屬著錄		案七集本東坡全集卷首載其全文　又載入明王貞編蘇長公外紀卷一上

明律三十卷 明太祖時敕修	同上 政書類存目二法令之屬著錄	明刊本	案此書明刊本未佚
宋祕書省續編列四庫闕書目二卷 宋紹興間祕書省編	清徐松輯 四庫全書未著錄	觀古堂刻本（葉德輝考證）	案此書原有鈔本流傳徐氏未之見故自大典輯之徐氏有跋載繆荃孫輯本徐星伯小集中
右史部書都凡一百零六種附錄五種			
傅子一卷 晉傅元撰	清四庫館臣輯 儒家類一著錄	聚珍版本 崇文書局本	案此書嚴可均傳□□錢保塘均有增輯本
省心雜言一卷 宋李邦獻撰	同上	函海本	案此書學海類編本及說郛均題林逋撰林和靖集附錄亦名省心錄均未足盧文弨龍城札記云元版林集已附刻省心雜言今重思之仍當歸之林作
戒子通錄八卷 宋劉清之撰	同上	四庫全書珍本初集本	
知言六卷附錄一卷 宋胡宏撰	同上	粵雅堂叢書本 叢書集成初編本	
明本釋三卷 宋劉荀撰	同上	聚珍版本 畿輔叢書本 叢書集成初編本	
少儀外傳二卷 宋呂祖謙撰	同上	墨海金壺本 守山閣叢書本	
項氏家說十卷附錄二卷 宋項安世撰	同上	聚珍版本 湖北先正遺書影印聚珍版本	
準齋雜說二卷 宋吳如愚撰	同上	墨海金壺本 珠塵別錄本	

朱子讀書法四卷 宋張洪齊熙同編	同	上		
家山圖書一卷 不著撰人姓氏	同	上 以上儒家類二著錄	四庫全書珍本初集本	
通言一卷 宋吳沆撰	同	上		
明倫集三卷 宋塗近正撰	同	上		
子家子一卷 宋家頤撰	同	上		
言子三卷 宋王爚撰	同	上		
太極辨三卷 元孫自強撰	同	上 以上儒家類存目一著錄		
守城錄四卷 宋陳規湯璹撰	同	上 兵家類著錄	墨海金壺本 守山閣叢書本 長恩書室叢書本 兵法彙編本	案此書從大典卷八千三百三十九兵字韻內錄出原書今存北平圖書館
十六策一卷 題漢諸葛亮撰	同	上		
江東十考一卷 宋李道傳撰	同	上		
南北十論一卷 題宋許學士撰	同	上 以上兵家類存目著錄		
折獄龜鑑八卷 宋鄭克撰	同	上 法家類著錄	墨海金壺本 守山閣叢書本 道光十五年李氏刻本 明辨齋叢書本	案此書舊本佚去四之三此從大典補全
政刑類要一卷 元彭天錫撰	同	上		

名公書判清明集十七卷 不著撰人姓氏	同	上			
唐律文明法會要錄一卷 不著撰人姓氏	同	上	以上法家類存目著錄		
農桑輯要七卷 元世祖時官撰	同	上	農家類著錄	聚珍版本 漸西村舍叢書本 叢書集成初編本	案此書有明胡文煥格致叢書本不知視大典本何如
農書二十二卷 元王楨撰	同	上	農家類著錄	聚珍本 叢書集成初編本	
顱顖經二卷 不著撰人姓氏	同	上		函海本(一卷) 當歸草堂叢書本 叢書集成初編本	
博濟方五卷 宋王袞撰	同	上		墨海金壺本 珠叢別錄本	
脚氣治法總要二卷 宋董汲撰	同	上		四庫全書珍本初集本	
旅舍備要方一卷 宋董汲撰	同	上		墨海金壺本 珠叢別錄本 長恩書屋叢書本 半畝園刊本 叢書集成初編本	
傷寒微旨二卷 宋韓祗和撰	同	上		墨海金壺本 珠叢別錄本 長恩書屋叢書本 叢書集成初編本	
全生指迷方四卷 宋王貺撰	同	上		墨海金壺本 珠叢別錄本 長恩書屋叢書本 叢書集成初編本	
衛生十全方三卷奇疾方一卷 宋夏德撰	同	上			
衛濟寶書二卷 題宋東軒居士撰	同	上		當歸草堂叢書本	

宋太醫局程文九卷　不著編者姓氏	同	上	當歸草堂叢書本	
產育寶慶方二卷　不著撰人姓氏	同	上	函海本　當歸草堂叢書本	
集驗背疽方一卷　宋李迅撰	同	上	四庫全書珍本初集本	
濟生方八卷　宋嚴用和撰	同	上	當歸草堂叢書本	
產寶諸方一卷　不著撰人姓氏	同	上　以上醫家類一著錄	活字版印本　當歸草堂叢書本	
流注指微賦一卷　元何若愚撰	同	上　醫家類存目著錄		
水牛經三卷　不著撰人姓氏	同	上		
安驥集三卷　不著撰人姓氏	同	上		
痊驥集二卷　不著撰人姓氏	同	上　以上醫家類存目附錄著錄		
官歷刻漏圖二卷　宋王普撰	同	上　天文算法類存目推步之屬著錄		
原本革象新書五卷　元趙友欽撰	同	上　天文算法類一推步之屬著錄	四庫全書珍本初集本	案錢大昕養新錄云有元刊本不分卷未見
海島算經一卷　晉劉徽撰唐李淳風等註	同	上	聚珍版本　微波榭刻本　叢書集成初編本	

五經算術二卷　北周甄鸞撰	同	上	聚珍版本　微波榭刻本　叢書集成初編本	
益古演段三卷　元李冶撰	同	上　以上天文算法類二算書之屬著錄	知不足齋叢書本　白芙堂算學叢書本　叢書集成初編本	
皇極經世索隱二卷　宋張行成撰	同	上	四庫全書珍本初集本	
皇極經世觀物外篇衍義九卷　宋張行成撰	同	上　以上術數類一數學之屬著錄		
翼元十二卷　宋張行成撰	同	上	函海本	
皇極經世書類要九卷　宋鍾過撰	同	上　以上術數類存目一數學之屬著錄		
漢原陵祕葬經十卷　不著撰人姓氏	同	上　術數類存目二相宅相墓之屬著錄		案此書自大典卷八千一百九十九陵字韻內抄出原書今存北平圖書館
九天元女六壬課一卷　題唐袁天綱撰	同	上		
皇極大定動數得一論一卷　元吳正撰	同	上		
皇極數三卷　不著撰人姓氏	同	上		
皇極生成鬼經數一卷　不著撰人姓氏	同	上		

九天元女妙課一卷 不著撰人姓氏	同	上 以上術數類存目二占卜之屬著錄	
李虛中命書三卷 題鬼谷子撰唐李虛中注	同	上	墨海金壺本 守山閣叢書本
玉照定眞經一卷 題晉郭璞撰張顒注	同	上	四庫全書珍本初集本
三命指迷賦一卷 題宋岳珂補注	同	上	讀畫齋叢書本 叢書集成初編本
星命總括三卷 題遼耶律純撰	同	上	四庫全書珍本初集本
月波洞中記二卷 不著撰人姓氏	同	上	函海本 述古叢抄本 叢書集成初編本
玉管照神局三卷 題南唐宋齊邱撰	同	上	十萬卷樓叢書本 叢書集成初編本
太清神鑑六卷 題後周王朴撰	同	上 以上術數類二命書相書之屬著錄	墨海金壺本 守山閣叢書本 粵雅堂本 叢書集成初編本
相掌金龜卦一卷 題鬼谷子撰	同	上	
貴賤定格三世相書一卷 題鬼谷子撰	同	上	
易衍二卷 題東方朔撰	同	上	
貴賤定格五行相書一卷 題唐袁天綱撰	同	上	
康節內祕影一卷 題宋邵子撰	同	上	

九宮八卦遁法祕書二卷 不著撰人姓氏	同	上	
成數大成一卷 不著撰人姓氏	同	上 以上術數類存目二命書相書之屬著錄	
神機相字法 一名景齋字至理集	同	上	
龜鑑易影皇極數一卷 題邵居敬撰	同	上 以上術數類存目二雜技術之屬著錄	
寶眞齋法書贊二十八卷 宋岳珂撰	同	上 藝術類一書畫之屬著錄	聚珍版本　叢書集成初編本
雙陸譜一卷 題了角道人撰	同	上 藝術類存目雜技之屬著錄	
墨法集要一卷 明沈繼孫撰	同	上 譜錄類器物之屬著錄	聚珍版本　叢書集成初編本
宣和北苑貢茶錄一卷 宋熊蕃撰蕃子克補圖 附北苑別錄一卷 宋趙汝礪撰	同	上 譜錄食類譜之屬著錄	讀畫齋叢書本　叢書集成初編本
大廚聚珍妙饌集一卷 不著撰人姓氏	同	上 譜錄類存目食譜之屬著錄	
金樓子六卷 梁元帝撰	同	上	知不足齋叢書本　崇文書局刻本　叢書集成初編本

芻言三卷 宋崔敦禮撰	同	上 以上雜家類一雜學之屬著錄	函海本　叢書集成初編本
蘇氏演義二卷 唐蘇鶚撰	同	上	函海本　藝海珠塵本　榕園叢書重刻函海本　叢書集成初編本
雲谷雜記四卷 宋張淏撰	同	上	聚珍版本（有附錄）　海山仙館叢書本　叢書集成初編本
甕牖閒評八卷 宋袁文撰	同	上	聚珍版本　叢書集成初編本
考古質疑六卷 宋葉大慶撰	同	上	聚珍版本　海山仙館叢書本　嘯園叢書本　倣知不足齋叢書本　叢書集成初編本
潁川語小二卷 宋陳昉撰	同	上	守山閣叢書本　叢書集成初編本
坦齋通編一卷 宋邢凱撰	同	上	守山閣叢書本　叢書集成初編本
愛日齋叢鈔五卷 宋葉□撰	同	上 以上雜家類二雜考之屬著錄	守山閣叢書本　唐宋叢書本　叢書集成初編本
鳴道集說一卷 金李之純撰	同	上	
中說三卷 元敖剡撰	同	上 以上雜家類存目一雜學之屬著錄	
呂氏雜記二卷 宋呂希哲撰	同	上 雜家類四雜說之屬著錄	指海本

石林燕語考異一卷 宋宇文紹奕撰	同	上	葉石林遺書本	
辨言一卷 宋員興宗編	同	上	藝海珠塵本 叢書集成初編本	
常談一卷 宋吳箕撰	同	上	函海本 叢書集成初編本	
密齋筆記五卷續記一卷 宋謝采伯撰	同	上	琳琅祕書叢書本	
澗泉日記三卷 宋韓淲撰	同	上	聚珍版本	
琴堂諭俗編二卷 宋鄭至道撰彭仲剛續元應俊補	同	上 以上雜家類五雜說之屬著錄	四庫全書珍本初集本	案此書入明南監見南雍志經籍考但刊本未見
日聞錄一卷 元李翀撰	同	上 雜家類六雜說之屬著錄	函海本 墨海金壺本 守山閣叢書本 叢書集成初編本	
言行龜鑑八卷 元張光祖撰	同	上 雜家類七雜纂之屬著錄	四庫全書珍本初集本	
女教書四卷 元許熙載撰	同	上		
有官龜鑑十九卷 元蘇霖撰	同	上		
永鑑錄二卷 明洪武中奉敕撰	同	上		
歷代駙馬錄二卷 明洪武中奉敕撰	同	上		
公子書三卷 明洪武中熊鼎等奉敕撰	同	上		

帝王寶範三卷 明馬順孫撰	同	上 以上雜家類存目八雜纂之屬著錄		案千頃堂書目作六十卷
古今同姓名錄二卷 梁元帝撰	同	上	函海本	
元和姓纂十八卷 唐林寶撰	同	上	嘉慶七年孫星衍洪瑩刊本（十卷）	
實賓錄十四卷 宋馬永易撰	同	上	四庫全書珍本初集本	
古今姓氏書辨證四十卷 宋鄭名世撰	同	上 以上類書類一著錄	嘉慶七年洪氏刊本　守山閣叢書本	
四六膏馥七卷 題宋楊萬里撰	同	上		
兩漢蒙求十一卷 宋劉班撰	同	上		
羣書類句二十七卷 宋詹光大撰	同	上		
古今詩材八卷 宋蕭元登撰	同	上		
訓女蒙求一卷 宋徐伯益撰	同	上		
八詩六帖二十九卷 題宋王狀元撰	同	上		
三場通用引易活法九卷 不著撰人姓氏	同	上		
啓劄雲錦裳八卷 不著撰人姓氏	同	上		案此書三四兩卷（大典原書）今尚存上海東方圖書館

啓劄錦語七卷 不著撰人姓氏	同	上			案此書六七兩卷(大典原書)今尚存北海圖書館
啓劄淵海二卷 不著撰人姓氏	同	上			
聚課瓊珠詩對九卷 不著撰人姓氏	同	上			
對屬發蒙二卷 不著撰人姓氏	同	上			
賦學剖蒙二卷 不著撰人姓氏	同	上			
啓劄青錢十八卷 不著撰人姓氏	同	上			
古賦題十卷後集五卷 不著撰人姓氏	同	上	以上類書類存目一著錄		
燕丹子三卷 不著撰人姓氏	同	上	小說家類存目一雜事之屬著錄	平津館叢書本(孫星衍校訂) 崇文書局刊本	
金華子二卷 南唐劉崇遠撰	同	上	小說家類一雜事之屬著錄	函海本 讀畫齋叢書本 榕園叢書重刻函海本 崇文書局刻本 叢書集成初編本	
珍席放談二卷 宋高晦叟撰	同	上		函海本 榕園叢書重刻函海本 叢書集成初編本	
步里客談二卷 宋陳長方撰	同	上		墨海金壺本 守山閣叢書本 叢書集成初編本	
東南紀聞三卷 不著撰人姓氏	同	上	以上小說家類二雜事之屬著錄	墨海金壺本 守山閣叢書本 叢書集成初編本	

峽山神異記一卷 宋王輔撰	同	上 小說家類存目二異聞之屬著錄	
笑海叢珠一卷 題唐陸龜蒙撰	同	上	
古今諺一卷 宋周守忠撰	同	上	
滑稽小傳二卷 一名滑稽逸傳不著撰人姓氏	同	上	
笑苑千金一卷 題張致和撰	同	上	
醉翁滑稽風月笑談一卷 不著撰人姓氏	同	上	
玉堂詩話一卷 不著撰人姓氏	同	上 以上小說家類存目二瑣語之屬著錄	
國清百錄二卷	繆荃孫輯		案此書輯自大典卷一九七三七至一九七四〇前三卷殘帙現藏英倫劍橋大學
金剛般若波羅密經注解一卷 明釋宗泐撰			
金剛證驗賦一篇 宋釋延壽撰			

金剛感應事解三十九則 不著輯錄人姓氏		以上四種四庫全書未著錄		案以上三種載大典卷七千五百四十三十八陽剛字韻原藏吳興劉氏後二種釋藏未收亦可寶也近周子美假以影印書凡一册有金蓉鏡劉承幹二氏跋文
帝範四卷 唐太宗御撰	清	四儒家類一著錄	聚珍版本 知不足齋叢書本 東方學會排印本（附校記羅振玉撰） 叢書集成初編本	案此書錢遵王有十二篇足本今不傳東方學會印本乃楊守敬得自日本者較聚珍本爲完善
儒言一卷 宋晁說之撰	同	上儒家類二著錄	學海類編本 嘉靖間刊晁氏三先生本	案此書大典本與明刊本當無大異姑附於此俟考
庸言一卷 宋楊萬里撰	同	上儒家類存目一著錄		案庸言全文見誠齋集卷九十一至九十四大典本一卷未全
洗冤錄二卷 宋宋慈撰	同	上法家類存目著錄	明刊本（五卷下同） 岱南閣叢書本 嘉靖間吳氏刊本	案此書足本今存
農桑衣食撮要二卷 元魯明善撰	同	上農家類著錄	墨海金壺本 珠叢別錄本 長恩書室叢書本 半畝園刊本	案此書瞿志有元刊本
蘇沈良方八卷 宋沈括撰	同	上	聚珍版本 藝海珠塵本 吳郡程氏刊本（十卷下同） 知不足齋叢書本 叢書集成初編本	案此書知不足齋本以程本聚珍本互校較完善邵懿辰云尙有舊抄十二卷本未見
急救仙方六卷 不著撰人姓氏	同	上以上醫家類一著錄	道藏本（十一卷）	案此書有道藏本天一閣目有舊抄本卷數亦同藏本
瑞竹堂經驗方五卷 元薩理彌實撰	同	上醫家類二著錄	當歸草堂叢書本	案此書瞿志有明刊十五卷足本（日本有重刻本）丁刊依庫本未全

九章算術九卷　不著撰人姓氏	同	上	聚珍版本　微波榭刻本　常熟屈氏刻本　四部叢刻影印微波榭本　叢書集成初編本	案聚珍本非原書微波榭本自汲古閣摹寫宋元豐間祕書省本出每卷後附戴震訂訛補圖較聚珍本爲善
孫子算經三卷　不著撰人姓氏	同	上	聚珍版本　微波榭刻本　知不足齋叢刊本　叢書集成初編本	案汲古閣有影宋抄本知不足齋本即從之出
夏侯陽算經三卷　題夏侯陽撰	同	上	聚珍版本　微波榭刻本　叢書集成初編本	案故宮博物院圖書館有汲古閣影宋本
數學九章十八卷　宋秦九韶撰	同	上　以上天文算法二算書之屬著錄	宜稼堂叢書本（附札記四卷）　叢書集成初編本	案此書瞿志有趙清常鈔本宜稼堂本殆與之同出一源
洪範皇極內外篇五卷　宋蔡沈撰	同	上　術數類一數學之屬著錄	雍正元年張氏文炳刊本	案四庫總目作內篇無外字
徐氏珞琭子賦注二卷　宋徐子平撰	同	上	墨海金壺本　守山閣叢書本　叢書集成初編本	案此書舊本有合四家注爲六卷者瞿志有影元抄本作注者題保義郎監內香藥庫門臣王廷光宜春季仝嘉禾釋曇瑩東海徐子平四庫一本題釋曇瑩撰兼采王李之注一爲徐注本均作二卷與影元本作六卷絕異似非其舊瞿志又有影宋本新雕注疏珞琭子三命消息賦三卷附校正李燕陰陽三命二卷題宜晉李同注乃李注單行本今商務書館已據宋本印入續古逸叢書
珞琭子三命消息賦注二卷　宋釋曇瑩撰	同	上	墨海金壺本　守山閣叢書本　叢書集成初編本	

人倫大統賦一卷 金張行簡賦	同	上 以上術數二命書相書之屬著錄	十萬卷樓叢書本　叢書集成初編本	案此書長沙葉氏有影元抄本說詳郎園讀書志卷六
洪範政鑑十卷 宋仁宗撰	同	上 術數類存目二陰陽五行之屬著錄		案江安傅氏藏此書宋抄本有跋文載北海圖書館月刊
竹譜十卷 元李衎撰	同	上 藝術類一書畫之屬著錄	知不足齋叢書本(七卷)　唐宋叢書本　叢書集成初編本	案此書有畫苑本及唐宋叢書本俱未足知不足齋本據明成化間繕本付刊凡七卷與大典本分卷略異
元元棋經一卷 宋晏天章撰	同	上	說郛本　墨海金壺本　守山閣叢書本　高昌祕笈本	案元元棋經宋張擬撰棋訣唐章延祐作元人晏天章爲之編集晏天章劉什甫非撰人名也晏氏乃元人四庫說誤高昌祕笈據元本付刊乃足本長沙葉氏藏明刊本有跋見郋園讀書志卷六
棋訣一卷 宋劉仲甫撰	同	上 以上藝術類二雜技之屬著錄	墨海金壺本　珠叢別錄本　武林往哲遺著本　高昌祕笈本	
敬齋古今黈八卷 元李冶撰	同	上 雜家類六雜說之屬著錄	聚珍版本　海山仙館叢書本　藕香零拾本　畿輔叢書重刊聚珍本　重刊明萬歷間武林蔣氏刊本(十四卷)	案此書藕香本據明萬曆足本校刻
忍經一卷 元吳亮撰	同	上	武林往哲遺著本	案丁志有元刊本即武林往哲遺著本所自出
勸善書二十卷 明仁孝皇后撰	同	上 以上雜家類存目八著錄	明刊小字本	案明刊小字本丁志著錄
帝王經世圖譜十六卷 宋唐仲友撰	同	上 類書類一著錄	瞿氏清吟閣刊本　金華叢書本	案此書宋本存八卷舊藏烏程蔣氏今歸上海涵芬樓

賈氏談錄一卷　宋張洎撰	同	上	守山閣叢書本	案此書庫本據大典與類說說郛互輯得二十六事即守山閣叢書本周星詒云有胡心耘排印本檢琳琅祕書叢書無之周氏恐別有所據江安傅先生以舊寫本校守山閣本頗有增補
東齋紀事六卷　宋范鎭撰	同	上　以上小說家類一雜事之屬著錄	墨海金壺本（十卷）　守山閣叢書本	案墨海金壺本源出庫本守山閣本十卷足
張氏可書一卷　宋張知甫撰	同	上　小說家類二雜事之屬著錄	函海本　墨海金壺本　守山閣叢書本　湖北先正遺書影印守山閣本　十萬卷樓叢書本	案十萬卷樓本據穴研齋鈔本付刊較諸本爲善
江淮異人錄二卷　宋吳淑撰	同	上　小說家類三異聞之屬著錄	知不足齋叢書本　函海本　龍威祕書本　道藏本　叢書集成初編本	案道藏本足（不分卷）瞿志有明抄本一卷亦係足本周星詒云嘉靖間伍氏刊本稍加潤色尙不失眞
文子纘義十二卷　宋杜道堅撰	同	上　道家類著錄	聚珍版本　浙江書局覆刻聚珍版本　叢書集成初編本	案聚珍本從大典錄出尙缺五篇道藏本作通元眞經纘義大典所缺者俱存上二書商務書館有影印道藏本
右子部書都凡一百三十九種附錄二十九種				
逍遙集一卷　宋潘閬撰	清四庫館臣輯		知不足齋叢書本　叢書集成初編本	
南陽集六卷　宋趙湘撰	同	上	聚珍版本　道光壬午胡氏刊本　叢書集成初編本	案陳氏帶經堂書目有此書明鈔十二卷足本
文莊集三十六卷　宋夏竦撰	同	上	南城李氏宋人集合刊本　四庫全書珍本初集本	

宋元憲集四十卷 宋宋庠撰	同	上	聚珍版本　湖北先正遺書影印聚珍本　叢書集成初編本	案聚珍本作三十六卷
宋景文集六十二卷補遺二卷 附錄一卷 宋宋祁撰	同	上	聚珍版本　湖北先正遺書影印聚珍本（附孫輯補遺二十二卷）佚存叢書本　叢書集成初編本	案聚珍本作六十卷　又案佚存叢書本從宋本出僅得三十二卷可補聚珍本之缺光緒中會稽孫氏輯宋景文集補遺即據佚存本及陸心源跋參互爲之
文恭集五十卷補遺一卷 宋胡宿撰	同	上	聚珍版本　常州先哲遺書本　叢書集成初編本	案諸本並作四十卷
祠部集三十六卷 宋強至撰	同	上	聚珍版本　叢書集成初編本	
華陽集六十卷附錄十卷 宋王珪撰	同	上 以上別集類五著錄	聚珍版本　叢書集成初編本	案聚珍本作四十卷　又案帶經堂書目有此書明臨宋本五十卷足本
金氏文集二卷 宋金君卿撰	同	上	宋人集甲編本	
公是集五十四卷 宋劉敞撰	同	上	聚珍版本　叢書集成初編本	案刊本三劉文集內公是集僅四卷又有錢塘吳氏別編本僅六卷俱不全　又案全謝山始自大典輯公是先生文鈔訂爲二十四卷有序載鮚埼亭集外編
彭城集四十卷 宋劉攽撰	同	上	聚珍版本　叢書集成初編本	案刊本三劉文集內公非集僅詩四首文二十三篇
都官集十四卷 宋陳舜俞撰	同	上	聚珍版本　宋人集甲編本	
鄖溪集三十卷 宋鄭獬撰	同	上	蒲圻張氏刻本　湖北先正遺書影印張刻本	案諸刻本均作二十卷

淨德集三十八卷 宋呂陶撰	同上	聚珍版本 叢書集成初編本	
忠肅集二十卷 宋劉摯撰	同上	聚珍版本 畿輔叢書重刻聚珍本 叢書集成初編本	
王魏公集八卷 宋王安禮撰	同上 以上別集類六著錄	豫章叢書本	
濟南集八卷 宋李廌撰	同上	宋人集丙編本	
晝墁集八卷 宋張舜民撰	同上	知不足齋叢書本 叢書集成初編本	案帶經堂書目有明影宋刻殘本僅二十九卷未全
陶山集十四卷 宋陸佃撰	同上 以上別集類七著錄	聚珍版本 叢書集成初編本	案聚珍本作十六卷
雲溪居士集三十卷 宋華鎮撰	同上	四庫全書珍本初集本	
潏水集十六卷 宋李復撰	同上	關隴叢書本	
學易集八卷 宋劉跂撰	同上	聚珍版本 畿輔叢書重刻聚珍本 叢書集成初編本	案帶經堂書目有舊鈔十二卷足本
西臺集二十卷 宋畢仲游撰	同上	聚珍版本 叢書集成初編本	
北湖集五卷 宋吳則禮撰	同上	涵芬樓祕笈第四集影印舊鈔本 宋人集乙編本 湖北先正遺書影印舊鈔本	
溪堂集十卷 宋謝逸撰	同上	豫章叢書本	
日涉園集十卷 宋李彭撰	同上	豫章叢書本	

灌園集二十卷 宋呂南公撰	同	上	四庫全書珍本初集本	案帶經堂書目有舊鈔二十四卷本
摛文堂集十五卷附錄一卷 宋慕容彥逢撰	同	上	常州先哲遺書本	
襄陵集十二卷 宋許翰撰	同	上	四庫全書珍本初集本	
東堂集十卷 宋毛滂撰	同	上	四庫全書珍本初集本	
浮沚集八卷 宋周行己撰	同	上	聚珍版本　叢書集成初編本	案聚珍本作九卷
竹隱畸士集二十卷 宋趙鼎臣撰	同	上	四庫全書珍本初集本	
洪龜父集二卷 宋洪朋撰	同	上	洪氏隸釋齋三洪集合刊本　四庫全書珍本初集本	
跨鼇集三十卷 宋李新撰	同	上	四庫全書珍本初集本	
忠愍集三卷 宋李若水撰	同	上 以上別集類八著錄	乾坤正氣集本　畿輔叢書本	案刊本並作一卷
初寮集八卷 宋王安中撰	同	上		
橫塘集二十卷 宋許景衡撰	同	上	永嘉叢書本	
老圃集二卷 宋洪芻撰	同	上	玉雨堂叢書本	
丹陽集二十四卷 宋葛勝仲撰	同	上	常州先哲遺書本	
毘陵集十五卷 宋張守撰	同	上	聚珍版本　常州先哲遺書本　叢書集成初編本	案諸本並作十六卷

浮溪集三十六卷 宋汪藻撰	同上	聚珍版本 四部叢刊影印聚珍本 叢書集成初編本	案聚珍本作三十二卷
莊簡集十八卷 宋李光撰	同上	四庫全書珍本初集本	
忠正德文集十卷 宋趙鼎撰	同上	道光十一年吳傑刊本 乾坤正氣集本	案乾坤正氣集本作八卷
東窗集十六卷 宋張擴撰	同上	四庫全書珍本初集本	
忠惠集十卷附錄一卷 宋翟汝文撰	同上	四庫全書珍本初集本	
檆溪居士集十二卷 宋劉才邵撰	同上	四庫全書珍本初集本	
忠穆集八卷 宋呂頤浩撰	同上	四庫全書珍本初集本	
紫微集三十六卷 宋張嵲撰	同上	湖北先正遺書影印文津閣本	
東牟集十四卷 宋王洋撰	同上	四庫全書珍本初集本	
相山集三十卷 宋王之道撰	同上	四庫全書珍本初集本	
三餘集四卷 宋黃彥平撰	同上	宋人集乙編本	
大隱集十卷 宋李正民撰	同上 以上別集類九著錄		
鄱陽集四卷 宋洪皓撰	同上		
澹齋集十八卷 宋李流謙撰	同上		

灊山集三卷 宋朱翌撰	同	上	知不足齋叢書本 叢書集成初編本	
雲溪集十二卷 宋郭印撰	同	上	四庫全書珍本初集本	案帶經堂書目有五卷本
北海集四十六卷附錄三卷 宋綦崇禮撰	同	上	四庫全書珍本初集本	
崧菴集六卷 宋李處權撰	同	上	宋人集甲編本	
藏海居士集二卷 宋吳可撰	同	上 以上別集類十著錄	宋人集甲編本	
茶山集八卷 宋曾幾撰	同	上	聚珍版本 叢書集成初編本	
鄧紳伯集二卷 宋鄧深撰	同	上	宋人集甲編本	
浮山集十卷 宋仲并撰	同	上	四庫全書珍本初集本	
湖山集十卷 宋吳芾撰	同	上	宋人集丁編本	
唯室集四卷附錄一卷 宋陳長方撰	同	上	四庫全書珍本初集本	
漢濱集十六卷 宋王之望撰	同	上	湖北先正遺書影印文津閣本	
雲莊集五卷 宋曾協撰	同	上	豫章叢書本	
竹軒雜著六卷 宋林季仲撰	同	上 以上別集類十一著錄		
雪山集十六卷 宋王質撰	同	上	聚珍版本 湖北先正遺書影印聚珍本 叢書集成初編本	

方舟集二十四卷 宋李石撰	同	上	四庫全書珍本初集本
香山集十六卷 宋喻良能撰	同	上	續金華叢書本
宮教集十二卷 宋崔敦禮撰	同	上	
蒙隱集二卷 宋陳棣撰	同	上	宋人集乙編本
定菴類藁四卷 宋衛博撰	同	上	四庫全書珍本初集本
澹軒集八卷 宋李呂撰	同	上	四庫全書珍本初集本
尊白堂集六卷 宋虞儔撰	同	上	四庫全書珍本初集本
東塘集二十卷 宋袁說友撰	同	上	四庫全書珍本初集本
涉齋集十八卷 宋許及之撰	同	上 以上別集類十二著錄	敬鄉樓叢書本
乾道稿一卷淳熙稿二十卷章泉稿五卷 宋趙蕃撰	同	上	聚珍版本 叢書集成初編本
止堂集二十卷 宋彭龜年撰	同	上	聚珍版本 叢書集成初編本

緣督集二十卷　宋曾丰撰	同	上		案此書原本四十卷明嘉靖間參事講選錄十二卷刻於宣城舊本遂佚振綺堂書目有明鈔本四册四十卷缺二十七以下四卷較大典本爲完善然大典本亦有出抄本外者疑大典所收爲宋時原本而抄本殆出於元本也抄本後歸皕宋樓說詳陸心源儀顧堂題跋卷十二
絜齋集二十四卷　宋袁燮撰	同	上	聚珍版本　叢書集成初編本	案全謝山嘗輯二袁先生文鈔有引載鮚埼亭集外編
定齋集二十卷　宋蔡戡撰	同	上	常州先哲遺書本	
九華集二十五卷附錄一卷　宋員興宗撰	同	上	四庫全書珍本初集本	
應齋雜著六卷　宋趙善括撰	同	上	豫章叢書本	
芸菴類稿六卷　宋李洪撰	同	上	四庫全書珍本初集本	
南湖集十卷　宋張鎡撰	同	上	知不足齋叢書本　叢書集成初編本	
南澗甲乙稿二十二卷　宋韓元吉撰	同	上	聚珍版本　叢書集成初編本	
自鳴集六卷　宋章甫撰	同	上　以上別集類十三著錄	豫章叢書本	
蓮峯集十卷　宋史堯弼撰	同	上	四庫全書珍本初集本	

燭湖集二十卷附編二卷 宋孫應時撰	同	上	嘉慶間靜遠軒刻本
昌谷集二十二卷 宋曹彥約撰	同	上	四庫全書珍本初集本
省齋集十卷 宋廖行之撰	同	上	四庫全書珍本初集本
山房集九卷 宋周南撰	同	上	涵芬樓祕笈第八集本
後樂集二十卷 宋衛涇撰	同	上 以上別集類十四著錄	四庫全書珍本初集本
性善堂稿十五卷 宋度正撰	同	上	四庫全書珍本初集本
東山詩選二卷 宋葛紹體撰	同	上	宋人集丙編本
蒙齋集十八卷 宋袁甫撰	同	上	聚珍版本 叢書集成初編本 案聚珍本作二十卷
鶴林集四十卷 宋吳泳撰	同	上	四庫全書珍本初集本
東澗集十四卷 宋許應龍撰	同	上	四庫全書珍本初集本
浣川集十卷 宋戴栩撰	同	上	敬鄉樓叢書本
漁墅類稿八卷 宋陳元晉撰	同	上	四庫全書珍本初集本
滄洲塵缶編十四卷 宋程公許撰	同	上 以上別集類十五著錄	四庫全書珍本初集本
篔窗集十卷 宋陳耆卿撰	同	上	四庫全書珍本初集本

臞軒集十六卷 宋王邁撰	同	上	四庫全書珍本初集本	
敝帚稿略八卷 宋包恢撰	同	上	宋人集丙編本	
冷然齋集八卷 宋蘇泂撰	同	上	四庫全書珍本初集本	
澗泉集二十卷 宋韓淲撰	同	上 以上別集類十六著錄	四庫全書珍本初集本	案澗泉詞今存較大典本完善
庸齋集六卷 宋趙汝騰撰	同	上	四庫全書珍本初集本	
彝齋文編四卷 宋趙孟堅撰	同	上	嘉業堂叢書本(附補遺) 知不足齋叢書本	
張氏拙軒集六卷 宋張侃撰	同	上	四庫全書珍本初集本	
靈巖集十卷 宋唐士耻撰	同	上	續金華叢書本	
梅埜集十二卷 宋徐元杰撰	同	上	乾坤正氣集本	
恥堂存稿八卷 宋高斯得撰	同	上	聚珍版本 叢書集成初編本	
潛山集十二卷 宋釋文珦撰	同	上	四庫全書珍本初集本	
字溪集十二卷附錄一卷 宋陽枋撰	同	上 以上別集類十七著錄	四庫全書珍本初集本	
須溪集十卷 宋劉辰翁撰	同	上	豫章叢書本	
葦航漫遊稿四卷 宋胡仲弓撰	同	上	四庫全書珍本初集本	

碧梧玩芳集二十四卷 宋馬廷鸞撰	同上	豫章叢書本	
閬風集十二卷 宋舒岳祥撰	同上	嘉業堂叢書本（附補遺）	
秋聲集六卷 宋衛宗武撰	同上	四庫全書珍本初集本	
廬山集五卷英溪集一卷 宋董嗣杲撰	同上	四庫全書珍本初集本	
則堂集六卷 宋家鉉翁撰	同上	四庫全書珍本初集本	案帶經堂書目有此書明鈔二十卷足本
百正集三卷 宋連文鳳撰	同上	知不足齋叢書本　叢書集成初編本	
心泉學詩稿六卷 宋蒲壽宬撰	同上 以上別集類十八著錄	四庫全書珍本初集本	
錦繡論二卷 題宋楊萬里撰	同上		
漁父詞集句二卷 宋釋少嵩撰	同上 以上別集類存目一著錄		
斜川集六卷 宋蘇過撰	清周永年 法式善輯	知不足齋叢書本　叢書集成初編本	
唐說齋文鈔 宋唐仲友撰	清全祖望輯 以上四庫全書未著錄		案全輯本已佚鮚埼亭集外編有唐說齋文鈔序

稼軒集四卷詞補遺一卷 宋辛棄疾撰	清辛啓泰輯 四庫全書未著錄	嘉慶間萬載辛氏刻本	案此書辛刻本凡九卷中四卷爲詞乃覆刻毛本者與大典無涉法梧門自大典內輯得稼軒詩文詞若干首辛啓泰更廣以他書得文四卷詞補遺一卷吳興朱氏重刻詞補遺入彊村叢書然亦有以不逸爲逸者余別有辛詞考異詳之
拙軒集六卷 金王寂撰	清四庫館臣輯	聚珍版本 九金人集重刻聚珍本 叢書集成初編本	
剩語二卷 元艾性夫撰	同上	四庫全書珍本初集本	
牆東類稿二十卷 元陸文圭撰	同上	常州先哲遺書本	
青山集八卷 元趙文撰	同上	四庫全書珍本初集本	案帶經堂書目有曹倦圃藏舊鈔八卷本
紫山大全集二十六卷 元胡祇遹撰	同上	三怡堂叢書本	
金淵集六卷 元仇遠撰	同上	聚珍版本 叢書集成初編本	
小亨集六卷 元楊宏道撰	同上	四庫全書珍本初集本	
青崖集五卷 元魏初撰	同上	四庫全書珍本初集本	
養吾齋集三十二卷 元劉將孫撰	同上	四庫全書珍本初集本	案此書丁志作六卷

雙溪醉隱集八卷 元耶律鑄撰	同	上	知服齋叢書本	案此書江安傅氏有校法梧門藏鈔本海寧王氏有校文津閣本
東庵集四卷 元滕安上撰	同	上	四庫全書珍本初集本	
畏齋集六卷 元程端禮撰	同	上	四明叢書本	
牧菴文集三十六卷 元姚燧撰	同	上	聚珍版本 四部叢刊影印聚珍本 叢書集成初編本	
陳秋巖詩集二卷 元陳宜甫撰	同	上	四庫全書珍本初集本	
蘭軒集十六卷 元王旭撰	同	上 以上別集類十九著錄	四庫全書珍本初集本	
西巖集二十卷 元張之翰撰	同	上	四庫全書珍本初集本	
中菴集二十卷 元劉敏中撰	同	上		案邵懿辰云韓小亭有元刊足本今不知所歸
王文忠集六卷 元王結撰	同	上	四庫全書珍本初集本	案帶經堂書目有影元鈔十五卷足本
勤齋集八卷 元蕭𣂏撰	同	上	刻本	
榘菴集十五卷 元同恕撰	同	上	四庫全書珍本初集本	
伊濱集二十四卷 元王沂撰	同	上	四庫全書珍本初集本	
積齋集五卷 元程端學撰	同	上	四明叢書本	

瓢泉吟稿五卷 元朱晞顏撰	同	上	四庫全書珍本初集本	
子淵詩集六卷 元張仲深撰	同	上 以上別集類二十著錄	四庫全書珍本初集本	
羽庭集六卷 元劉仁本撰	同	上	乾坤正氣集本	
吾吾類稿三卷 元吳皐撰	同	上	豫章叢書本	
性情集六卷 元周巽撰	同	上	四庫全書珍本初集本	
樗隱集六卷 元胡行簡撰	同	上 以上別集類二十一著錄		
密菴集八卷 明謝肅撰	同	上		案振綺堂書目有鈔本二册五卷僅已至癸集周星詒謂山陰沈氏目有足本恐已佚
藍澗集六卷 明藍智撰	同	上		
樗菴類稿二卷 明鄭潛撰	同	上	四庫全書珍本初集本	
鵝湖集六卷 明龔斆撰	同	上 以上別集類二十二著錄		
文選顏鮑謝詩評四卷 元方回撰	同	上 總集類一著錄		案此書朱修伯云有明刻本未見
江湖後集二十四卷 宋陳起編	同	上 總集類二著錄	讀畫齋刻本	
桃花源集一卷 宋姚孳編	同	上		

發蒙宏綱三卷 宋羅黃裳編	同	上		
大全賦會五十卷 不著編輯者名氏	同	上		案今北平圖書館藏大典賦字韻二冊全載此書惜非完帙
啓劄錦繡一卷 顯清曠趙先生編	同	上 以上總集類存目一著錄		
宛陵羣英集十二卷 元汪澤民張師愚同編	同	上 總集類三著錄	刊本	
尺牘筌蹄三卷 元陳椌編	同	上 以上總集類存目一著錄		
藏海詩話一卷 宋吳可撰	同	上	函海本　知不足齋叢書本　螢雪軒叢書本　叢書集成初編本	
歲寒堂詩話二卷 宋張戒撰	同	上	學海類編本　聚珍版本　螢雪軒叢書本　叢書集成初編本	
環溪詩話一卷 不著撰人姓氏	同	上	學海類編本（三卷）　叢書集成初編本	案學海類編本未知視庫本何如周星詒云有明本未見
餘師錄四卷 宋王正德撰	同	上	墨海金壺本　守山閣叢書本　叢書集成初編本	
文章精義一卷 宋李耆卿撰	同	上	叢書集成初編本	案此書有格致叢書本未知視庫本何如
浩然齋雅談三卷 宋周密撰	同	上 以上詩文評類一著錄	聚珍版本　懺花盦叢書本	
少陵詩格一卷 宋林越撰	同	上 詩文評類存目著錄		

文說一卷 元陳繹曾撰	同	上	文學津梁本	案陳氏別有文筌七卷詩小譜二卷今尚有元麻沙本或疑文說即文筌俟考
作義要訣一卷 元倪士毅撰	同	上 以上詩文評類著錄	十萬卷樓叢書本	
煙波漁隱詞二卷 宋宋伯仁撰	同	上 詞曲類存目著錄		
小孫屠一卷				
張協狀元一卷				
宦門子弟錯立身一卷		以上四庫全書未著錄		以上三種從大典卷一萬三千九百九十一戲字韻內錄出
自堂存稿四卷 宋陳杰撰	清四庫館臣輯	別集類十八著錄	豫章叢書本	案長沙葉氏藏此書宋元明活字參雜本十三卷足語詳郋園讀書志卷八
歸田類稿二十四卷 元張養浩撰	同	上 別集類十九著錄	乾隆五十五年周氏刻本	案此書明本殘缺館臣從大典校補然元刊本張文忠公集二十八卷今尚有之（皕宋樓志著錄）江安傅氏有校元本又案此書應入表二附錄
藍山集六卷 明藍仁撰	同	上 以上別集類二十二著錄	明正統間刻本	案丁志有明正統間刻六卷本足
臨安集六卷 明錢宰撰	同	上		案丁志有舊鈔十卷足本
中州啓劄二卷 元吳宏道撰	同	上 總集類存目一著錄	元刊四卷本	案陸志有元刊四卷本足又有舊鈔本亦四卷有黃丕烈跋

山村詞 元仇遠詞	清孫爾準輯	四庫全書未著錄	西泠詞萃本 彊村叢書本	案孫輯本未見未知觀刊本何如

右集部書都凡一百八十二種附錄六種

合計四百九十八種附錄四十四種

表二

書名	校補者		版刻	雜記
周易乾鑿度二卷	清四庫館臣校補	四庫全書總目提要經部易類六附錄著錄	天一閣刻本 聚珍版本 阮刻本 七緯本 藝海珠塵本 雅雨堂叢書本 古經解彙函本	案此書雅雨堂本從明錢叔寶藏本出尚不失舊觀天一閣本亦佳庫本據大典校補
尚書詳解二十六卷 宋夏僎撰	同	上	聚珍版本 叢書集成初編本	案此書傳鈔本自麻沙本出頗有缺佚庫本依大典校補
禹貢說斷四卷 宋傅寅撰	同	上 以上書類一著錄	聚珍版本 墨海金壺本 守山閣叢書本 金華叢書本 叢書集成初編本	案此書通志堂本名集解中多殘缺又有誤刊入程大昌書者庫本從大典補正
月令解十二卷 宋張虙撰	同	上 禮類三禮記之屬著錄		案原書多重複庫本依大典刪汰已非張書之舊
春秋三傳辨疑二十卷 元程端學撰	同	上 春秋類三著錄		提要云吳玉墀家本第一卷蠹蝕最甚以大典校補遂成完帙
春秋繁露十七卷 漢董仲舒撰	同	上 春秋類四著錄	聚珍版本 盧抱經校刊本 四部叢刊影印聚珍本	案此書舊刻殘脫甚多庫本據大典所存樓鑰本詳爲校補即聚珍本是也盧校本即據之

方言十三卷 漢揚雄撰晉郭璞注	同	上 小學類一訓詁之屬著錄	聚珍版本　盧抱經校刻本　戴東原疏證本	案刻本多譌脊庫本據大典所引訂補即聚珍本是也盧戴二本均據之
續資治通鑑長編五百二十卷 宋李燾撰	同	上 史部編年類著錄	愛日精盧活字印本　浙江書局刻本	案此書原本殘缺傳世尚有殘宋本此從大典校補尚缺徽宗欽宗兩朝
水經注四十卷 後魏酈道元撰	同	上 地理類二河渠之屬著錄	聚珍版本　微波榭刻本　思賢書局合注本	提要云是書自明以來絕無善本大典所存猶屬宋槧善本謹排比原文與近代本鉤稽校勘頓還舊觀云云案此乃戴東原竊全趙諸家書以歸已有之遁辭與大典無涉說詳王先生聚珍本水經注跋
吳中舊事一卷 元陸友仁撰	同	上 地理類三雜記之屬著錄	函海本　墨海金壺本　讀畫齋叢書本　近刊本　叢書集成初編本	提要云刊本多譌脫以大典所載互校補正
南宋館閣錄十卷 宋陳騤撰	同	上	武林掌故叢編本	提要云世所傳本譌闕殆不可讀惟大典所載差爲完具今互相考訂惟前錄中沿革一門續錄中廩祿一門大典所載亦佚案黃蕘圃所藏宋本亦缺丁刻自盧抱經校本出缺卷亦同
南宋館閣續錄十卷 不著撰人姓氏	同	上 以上職官類官制之屬著錄	武林掌故叢編本	
崇文總目十二卷 宋王堯臣等撰	同	上 目錄類一經籍之屬著錄	汗筠齋叢書本　後知不足齋叢書本　粵雅堂叢書本　叢書集成初編本	案此書舊本佚去解題此從大典補輯

鹽鐵論十二卷　漢桓寬撰	清盧文弨校補		校語載羣書拾補　兩京遺編本　漢魏叢書本　岱南閣叢書本　叢書集成初編本	
易通變四十卷　宋張行成撰	清四庫館臣校補		四庫全書珍本初集本	提要云此書外間僅有宋刻本及明費宏家抄本今以大典參互校錄
大衍索隱三卷　宋丁易東撰	同	上　以上術數類一數學之屬著錄	四庫全書珍本初集本	案此書舊本殘缺失次庫本據大典參互補正
衍極二卷　元鄭杓撰	同	上　藝術類一書畫之屬著錄	寶顏堂祕笈本　十萬卷樓叢書本　叢書集成初編本	案此書舊本訛舛庫本依大典校定
石林燕語十卷　宋葉夢得撰	同	上	唐宋叢書本　叢書集成初編本	案此書明刻有正德本稗海本津逮本而近刊以琳瑯祕書本及葉石林遺書本爲最善提要云津逮本脫誤甚多稗海本蹐駁尤甚今參驗諸本以大典詳爲勘校庶幾不失其眞云云
唐語林八卷　宋王讜撰	同	上	聚珍版本　惜陰軒叢書本　墨海金壺本　守山閣叢書本　湖北書局重刊本	案庫本據大典所引校嘉靖間齊之鸞刊二卷本增多四百餘條
萍洲可談三卷　宋朱彧撰	同	上	墨海金壺本　守山閣叢書本	案此書百川學海稗海本陳氏祕笈本俱不全此從大典搜補依馬氏通考作三卷
高齋漫錄一卷　宋曾慥撰	同	上　以上小說家類二雜事之屬著錄	墨海金壺本　守山閣叢書本	案此書明刊有古今說海本藝圃搜奇本館臣據大典所引與學海類編本互校成書即守山閣本是也

王無功集補遺　唐王勣撰	清孫星衍校補		岱南閣刻本　上虞羅氏重刻本　叢書集成初編本	案孫刻本補遺上據大典補賦一首贊十三首疑係修全唐文時錄出
蘆川歸來集十卷附錄一卷　宋張元幹撰	清四庫館臣校補			案此書原有鈔本稱嘉定己卯其孫欽臣所鋟未全庫本據大典輯補
文定集二十四卷　宋汪應辰撰	同	上　以上集部別集類十一著錄	聚珍本　叢書集成初編本	案此書明程敏政摘錄本八卷未全庫本據大典重爲編次
客亭類稿十五卷　宋楊冠卿撰	同	上　別集類十三著錄	湖北先正遺書影印文津閣本	案庫本依宋刊巾箱不分卷本與大典互訂
湖山類稿補遺　宋汪元量撰	王國維校補			
庸菴集十四卷　元宋禧撰	清四庫館臣校補	別集類二十一著錄	餘姚張氏刊本	提要云今浙江所採進者乃其詩集惟大典內詩文並載參互考證仍編詩集爲十卷文集別爲四卷　案帶經堂書目有明鈔三十卷足本
袁氏世範三卷　宋袁采撰	清四庫館臣校補	子部儒家類二著錄	乾隆戊申吳民刊本　知不足齋叢書本	提要云陳繼儒祕笈本譌誤特甚以大典所載宋本互相校勘仍從通考勒爲三卷案吳刻本知不足齋本並從袁又愷藏宋本刊本出是此書舊本未亡
周髀算經二卷　趙爽注　音義一卷　唐李籍撰	同	上　天文算法類一推步之屬著錄	聚珍版本　微波榭刊本　槐廬叢書本　叢書集成初編本	提要云刻本脫誤多不可通今據大典校訂案汲古閣有此書影宋鈔本今藏故宮圖書館瞿志有舊抄本亦從宋本出是此書除明刻本外舊本未亡

五曹算經五卷 不著撰人姓氏	同	天文算法類 上二算法之屬 著錄	微波榭刊本　聚珍版本　知 不足齋叢書本　叢書集成初 編本	案庫本據大典校補即聚珍本 是也知不足齋本據汲古閣影 宋本重刊較聚珍本爲完善

都凡書二十七種附錄三種